LES MEILLEURES RECETTES

en

MOINS DE 20 MINUTES

LAROUSSE

SOMMAIRE

SALADES ET SOUPES

SALADE DE CHÈVRE, LÉGUMES GRILLÉS

POUR 2 PERSONNES

Préparation : 15 min
Cuisson : 5 min

50 g de bûche de chèvre ferme en rondelles
100 g de poivron grillé en lamelles
100 g d'aubergine grillée en lamelles
1 c. à soupe de pignons de pin
150 g de salade mélangée
1 poignée de basilic ciselé
2 c. à soupe d'huile d'olive

1 Faites dorer les pignons en fine couche 2 ou 3 min dans une poêle antiadhésive à feu moyen.

2 Mélangez la salade, le poivron, l'aubergine, les pignons, le chèvre et le basilic dans un saladier. Versez l'huile, poivrez généreusement et mélangez.

SALADE DE BETTERAVES, CHÈVRE CHAUD

POUR 4 PERSONNES

Préparation : 15 min
Cuisson : 5 min

200 g de betteraves cuites en quartiers
2 c. à soupe de vinaigre balsamique
1 c. à soupe d'huile de noix
le jus de 1 orange
1 gousse d'ail écrasée
100 g de salade mélangée
50 g de cerneaux de noix

POUR LES TOASTS

4 tranches de pain ciabatta
100 g de chèvre en morceaux

1 Mélangez le vinaigre, l'huile, le jus d'orange et l'ail. Versez sur les betteraves. Salez et poivrez. Couvrez et laissez mariner.

2 Préparez les toasts. Grillez légèrement sous le gril du four un côté des tranches de pain. Retournez-les et couvrez-les de chèvre. Faites dorer 3 ou 4 min.

3 Répartissez la salade dans des assiettes, parsemez de noix et de betteraves. Posez les toasts dessus et arrosez de marinade. Servez sans attendre.

SALADE CHAUDE DE PÂTES ET TOMATES

POUR 4 À 6 PERSONNES

Préparation : 15 min
Cuisson : 15 min

500 g de pâtes
200 g de billes de mozzarella coupées en 2
250 g de tomates cerises coupées en 2
4 c. à soupe d'huile d'olive + pour servir
50 g de roquette
vinaigre balsamique

1 Faites cuire les pâtes à l'eau bouillante.

2 Mélangez la mozzarella et les tomates cerises dans un saladier. Versez l'huile. Salez, poivrez et mélangez.

3 Incorporez les pâtes égouttées. Ajoutez la roquette, mélangez un peu, puis transférez dans un plat de service. Arrosez d'huile et de vinaigre. Servez chaud.

SALADE DE HARICOTS AU THON

POUR 4 À 6 PERSONNES

Préparation : 10 min
Cuisson : 10 min

800 g de flageolets ou de haricots blancs en boîte, rincés et égouttés
1 gros steak de thon (250 g environ)
6 c. à soupe d'huile d'olive
2 oignons rouges en fines lamelles
2 grosses gousses d'ail écrasées
1 c. à soupe de vinaigre de xérès
4 poignées de feuilles de basilic

1 Badigeonnez le thon d'huile, salez et poivrez. Saisissez-le à feu vif dans une poêle gril chaude et faites-le cuire 3 min sur chaque face, jusqu'à ce qu'il soit marqué mais encore rosé à cœur. Hors de la poêle, laissez-le refroidir, puis coupez-le en morceaux.

2 Émulsionnez le reste d'huile, les oignons, l'ail et le vinaigre dans un saladier. Versez les haricots et mélangez bien. Ajoutez le thon et le basilic, puis salez, poivrez et servez.

SALADE DE PENNE, POIVRONS ET FETA

POUR 4 PERSONNES

Préparation : 10 min
Cuisson : 15 min

400 g de penne au blé complet
1 poivron rouge + 1 jaune
150 g de feta émiettée
3 c. à soupe d'huile d'olive
2 c. à café de thym
1 poignée de persil plat ciselé
1 poignée de feuilles de basilic
80 g d'olives noires

1 Badigeonnez les poivrons de 1 c. à soupe d'huile. Faites-les griller sur une plaque 15 min à four chaud (220 °C) en les retournant plusieurs fois. Laissez-les refroidir dans un sac congélation, puis pelez-les, épépinez-les et ôtez les membranes blanches. Coupez la chair en fines lamelles.

2 Mélangez les poivrons, le reste d'huile, les herbes et les olives dans un saladier. Couvrez et laissez reposer.

3 Faites cuire les pâtes à l'eau bouillante. Égouttez-les, puis rincez-les. Ajoutez-les dans le saladier. Salez, poivrez. Incorporez la feta et servez.

SALADE DE HARICOTS AU SAUMON FUMÉ

POUR 4 PERSONNES

Préparation : 10 min

410 g de haricots cannellini en bocal, rincés et égouttés
400 g de filets de saumon fumé en lamelles
2 petits oignons rouges en fines rondelles
1 concombre pelé et émincé
50 g de pousses d'épinards

POUR LA GREMOLATA

1 bouquet de persil plat ciselé
1 gousse d'ail écrasée
4 ou 5 c. à soupe d'huile d'olive
1 c. à café de zeste de citron finement râpé
2 c. à soupe de jus de citron

1 Préparez la gremolata. Mélangez le persil, l'ail, l'huile ainsi que le zeste et le jus de citron dans un petit bol.

2 Dans un saladier, mélangez le saumon, les haricots, les oignons, le concombre et les épinards. Salez et poivrez. Arrosez d'un peu de gremolata et servez le reste à part.

SUPER EXPRESS

SALADE D'ORECCHIETTE AUX PETITS POIS

POUR 6 PERSONNES

Préparation : 10 min
Cuisson : 15 min

350 g d'orecchiette
350 g de petits pois
100 g de prosciutto
1 gros oignon finement émincé
2 gousses d'ail écrasées
3 c. à soupe d'huile d'olive
2 c. à soupe de vinaigre de vin blanc
1 c. à café de moutarde de Dijon
2 c. à soupe de persil plat ciselé
2 c. à soupe de cerfeuil ciselé
2 c. à soupe de menthe ciselée

1 Faites cuire les pâtes à l'eau bouillante.

2 Pendant ce temps, faites revenir l'oignon et l'ail 5 min avec 1 c. à soupe d'huile. Ajoutez le prosciutto et, 5 min plus tard, les petits pois. Couvrez et laissez cuire 5 min à feu doux, jusqu'à ce qu'ils soient tendres.

3 Mélangez l'huile d'olive restante, le vinaigre et la moutarde dans un bol. Salez et poivrez.

4 Égouttez les pâtes et rincez-les à l'eau froide. Mélangez-les avec le reste des ingrédients. Servez.

SALADE MEXICAINE

POUR 4 PERSONNES

Préparation : 15 min
Cuisson : 10 min

2 avocats en lamelles
150 g de haricots rouges cuits
3 tomates en fines lamelles
50 g d'olives noires en rondelles
1 oignon rouge en fines lamelles
1 poignée de feuilles de coriandre
1 laitue croquante émincée
8 tortillas de blé
4 c. à soupe d'huile d'olive
le jus de 2 citrons verts

1 Mettez les avocats et les haricots dans un saladier. Ajoutez les tomates, les olives, l'oignon, la coriandre et la laitue.

2 Enfournez les tortillas sur une plaque de cuisson 8 à 10 min à four chaud (180 °C), jusqu'à ce qu'elles soient bien croustillantes. Laissez refroidir.

3 Émulsionnez l'huile et le jus de citron. Versez sur la salade et mélangez délicatement.

4 Coupez les tortillas refroidies en morceaux et ajoutez-les. Mélangez délicatement et servez.

SALADE DE FÈVES, CHORIZO GRILLÉ

POUR 6 PERSONNES

Préparation : 15 min
Cuisson : 20 min

250 g de fèves
2 chorizos en rondelles
200 g de bacon
6 œufs
3 c. à soupe de jus de citron
1/2 c. à café de sucre en poudre
6 c. à soupe d'huile d'olive
200 g de pousses d'épinards
6 tranches de pain grillées

1 Plongez les fèves dans de l'eau bouillante. Laissez cuire 2 min à compter de la reprise de l'ébullition. Égouttez-les, rincez-les et pelez-les si nécessaire.

2 Poêlez le bacon à feu moyen jusqu'à ce qu'il soit croustillant. Coupez-le en morceaux.

3 Mettez les œufs dans une casserole d'eau et portez à ébullition. Laissez cuire 4 min pour des œufs mollets. Égouttez-les, refroidissez-les sous l'eau, écalez-les et coupez-les en 2 ou 4.

4 Enfournez le chorizo 5 min sous le gril chaud en le retournant une fois. Répartissez-les sur le pain grillé.

5 Dans un saladier, fouettez le jus de citron, le sucre, l'huile, du sel et du poivre. Incorporez les épinards. Répartissez les épinards, les fèves, les œufs et le bacon dans des assiettes. Ajoutez les toasts et servez.

SALADE NIÇOISE AU THON FRAIS

POUR 4 PERSONNES

Préparation : 15 min
Cuisson : 20 min

8 petites pommes de terre à chair ferme
4 steaks de thon (160 g chacun environ)
4 œufs
200 g de haricots verts équeutés
5 c. à soupe d'huile d'olive
1 petite laitue
4 tomates en quartiers
16 olives noires
2 c. à soupe de vinaigre de vin blanc
1 c. à café de moutarde

1 Faites cuire les pommes de terre à l'eau jusqu'à ce qu'elles soient tendres. Égouttez, rincez et laissez refroidir, puis coupez en 2 ou en 4.

2 Plongez les œufs dans une casserole d'eau. Portez à ébullition et faites cuire 4 min. Égouttez et rincez. Écalez les œufs, puis coupez-les en 4.

3 Faites cuire les haricots à l'eau bouillante jusqu'à ce qu'ils soient tendres. Égouttez et rincez.

4 Huilez le thon, salez et poivrez. Saisissez-le 3 min sur chaque face dans un poêle gril à feu vif. Laissez reposer 5 min hors du feu, puis coupez en morceaux.

5 Répartissez la laitue, les tomates, les olives, les œufs, les pommes de terre, les haricots et le thon dans des assiettes. Mélangez le vinaigre et la moutarde. Salez et poivrez. Versez l'huile restante en fouettant. Versez dans les assiettes et servez.

SALADE DE PORC AUX LENTILLES

POUR 4 PERSONNES

Préparation : 15 min
Cuisson : 30 min

350 g de filet mignon de porc
200 g de lentilles vertes du Puy
1 c. à café de moutarde de Dijon
2 c. à soupe de vinaigre balsamique
5 c. à soupe d'huile d'olive
250 g de champignons de Paris
le zeste râpé de 1 citron
2 gousses d'ail écrasées
2 c. à soupe de romarin
10 cl de vin rouge
100 g de pousses d'épinards
16 tomates cerises coupées en 2

1 Plongez les lentilles dans une casserole d'eau et portez à ébullition. Baissez le feu et laissez frémir 20 min. Égouttez.

2 Mélangez la moutarde et le vinaigre dans un saladier. Salez, poivrez, puis versez 4 c. à soupe d'huile en fouettant. Ajoutez les champignons et les lentilles. Mélangez bien. Laissez reposer.

3 Fouettez l'huile restante, le zeste, l'ail et le romarin. Salez et poivrez. Enrobez la viande de ce mélange. Faites-la dorer 5 min sur chaque face dans une sauteuse à feu moyen. Laissez-la reposer 5 min sur une planche, puis coupez-la en fines lamelles.

4 Versez le vin dans la sauteuse chaude et laissez-le bouillonner en mélangeant. Versez sur les lentilles. Incorporez la viande, les épinards et les tomates. Servez.

TABOULÉ AUX POIS CHICHES

POUR 4 PERSONNES

Préparation : 15 min

90 g de boulgour
400 g de pois chiches en boîte, rincés et égouttés
2 c. à soupe de jus de citron
4 c. à soupe d'huile d'olive
1 petit bouquet de persil plat finement ciselé
1 grosse poignée de menthe finement ciselée
2 c. à soupe d'aneth ciselé
250 g de tomates cerises coupées en 2
120 à 150 g de salade mélangée
tranches de citron

1 Versez le boulgour dans un bol résistant à la chaleur et recouvrez-le de 12,5 cl d'eau bouillante. Mélangez une fois, filmez, puis laissez gonfler 8 à 10 min.

2 Fouettez le jus de citron avec l'huile. Versez sur le boulgour et égrainez à la fourchette.

3 Mettez le boulgour dans un saladier. Ajoutez les herbes, les tomates cerises, les pois chiches et la salade. Mélangez délicatement. Salez et poivrez généreusement. Servez avec des tranches de citron.

VÉGÉTARIEN

SALADE DE FOIES DE VOLAILLE

POUR 4 PERSONNES

Préparation : 20 min
Cuisson : 30 min

500 g de foies de volaille coupés en 2 et dénervés
3 c. à soupe d'huile d'olive + pour servir
1 oignon en fines rondelles
6 tranches de pain ciabatta
500 g de cresson équeuté
12,5 cl de marsala (vin doux italien)
1 c. à soupe de moutarde à l'ancienne
1 c. à soupe de sauge ciselée

1 Faites dorer l'oignon 10 min à feu moyen dans une sauteuse avec 1 c. à soupe d'huile. Réservez.

2 Badigeonnez le pain d'huile et faites-le griller sur les 2 faces sous le gril du four chaud. Coupez-le en dés. Répartissez-les dans des assiettes avec le cresson.

3 Chauffez le reste d'huile dans la sauteuse. Faites-y cuire les foies de volaille rincés 3 min, en remuant sans cesse. Transférez-les sur une assiette chaude.

4 Portez le marsala à ébullition dans la sauteuse 1 min et laissez réduire de moitié en remuant. Ajoutez les foies, puis la moutarde et la sauge. Salez et poivrez peu. Agitez la poêle 30 sec pour bien enrober les ingrédients.

5 Répartissez les foies de volaille et l'oignon dans les assiettes. Arrosez d'huile et servez aussitôt.

SEMOULE AUX POIS ET À LA FETA

POUR 4 PERSONNES

Préparation : 20 min
Cuisson : 10 min

275 g de semoule instantanée
150 g de pois gourmands
150 g de fèves
150 g de petits pois
250 g de feta en petits morceaux
5 c. à soupe d'huile d'olive
1 gousse d'ail écrasée
3 échalotes en fines rondelles
2 c. à soupe d'aneth ciselé
2 c. à soupe de ciboulette ciselée
1 c. à soupe de citron confit
en petits dés

1 Couvrez la semoule de 40 cl d'eau bouillante. Laissez gonfler 10 min à couvert.

2 Mélangez l'huile avec l'ail, les échalotes, l'aneth, la ciboulette et le citron. Poivrez et ajoutez la feta.

3 Faites cuire les pois gourmands 1 min à l'eau bouillante. Ajoutez les fèves et poursuivez la cuisson 1 min. Ajoutez les petits pois et faites cuire encore 2 min. Égouttez, puis mélangez à la semoule.

4 Répartissez dans des bols. Ajoutez la feta légèrement égouttée et arrosez d'huile aux herbes. Mélangez bien et servez.

VÉGÉTARIEN

SOUPE DE HARICOTS

POUR 4 PERSONNES

Préparation : 15 min
Cuisson : 30 min

100 g de haricots de Lima en boîte
200 g de flageolets en boîte
200 g de haricots rouges en boîte
200 g de haricots blancs cannellini en boîte
1 ou 2 c. à soupe d'huile d'olive + 1 filet
3 gousses d'ail (2 en lamelles, 1 écrasée)
1 gros oignon finement émincé
250 g de lentilles vertes du Puy
1 l de bouillon de légumes très chaud
1 bouquet de persil plat effeuillé

1 Chauffez 1 c. à soupe d'huile dans une sauteuse. Faites dorer l'ail en lamelles à feu doux, jusqu'à ce qu'il soit croustillant. Égouttez sur du papier absorbant.

2 Faites revenir l'ail écrasé et l'oignon dans la sauteuse à feu moyen avec un peu d'huile si nécessaire jusqu'à ce qu'ils soient translucides. Ajoutez les lentilles et la moitié du bouillon. Laissez cuire jusqu'à ce que les lentilles soient à peine tendres.

3 Rincez et égouttez tous les haricots. Mettez-les dans une passoire, puis plongez-la dans une grande casserole d'eau bouillante pour les réchauffer.

4 Ajoutez les haricots égouttés aux lentilles, versez le reste du bouillon. Salez et poivrez. Ajoutez un peu d'eau chaude si besoin. Versez dans des bols, parsemez d'ail frit et de persil. Arrosez d'huile. Servez aussitôt avec du pain.

VÉGÉTARIEN

VELOUTÉ DE PETITS POIS À LA PANCETTA

POUR 6 PERSONNES

Préparation : 15 min
Cuisson : 15 min

500 g de petits pois
6 à 12 très fines tranches de pancetta
1 c. à soupe d'huile d'olive
1 l de bouillon de volaille
6 c. à soupe de crème liquide

1 Faites bien griller la pancetta dans une sauteuse avec l'huile à feu moyen. Déposez-la sur du papier absorbant.

2 Faites cuire les petits pois 2 ou 3 min à l'eau bouillante, jusqu'à ce qu'ils soient tendres. Égouttez.

3 Portez le bouillon à ébullition. Mixez les petits pois en purée lisse avec 1 ou 2 louches de bouillon. Versez le reste et mixez de nouveau. Salez et poivrez. Versez dans des bols. Ajoutez la pancetta ainsi que 1 c. à soupe de crème par bol. Servez aussitôt.

SOUPE DE LÉGUMES AU PISTOU

POUR 4 PERSONNES

Préparation : 20 min
Cuisson : 15 min

6 petits poireaux en fines rondelles
2 courgettes en dés
2 petits pâtissons jaunes
1 petit bulbe de fenouil en dés
2 c. à soupe d'huile d'olive
1 l de bouillon de légumes
100 g de petits pois
100 g de haricots verts extrafins en tronçons
50 g de pâtes fraîches
parmesan râpé

POUR LE PISTOU

4 gousses d'ail écrasées
2 tomates pelées en petits morceaux
100 g de basilic effeuillé
50 g de persil plat effeuillé
12,5 cl d'huile d'olive
2 c. à soupe de jus de citron
25 g de parmesan râpé

1 Préparez le pistou. Écrasez au pilon l'ail avec 1/2 c. à café de sel pour avoir une pâte homogène. Ajoutez les tomates et écrasez. Ajoutez le basilic et le persil, puis écrasez encore jusqu'à ce que la préparation soit lisse. Incorporez progressivement l'huile, puis le jus de citron et le parmesan. Couvrez et réservez au frais.

2 Faites revenir les poireaux 2 ou 3 min avec l'huile dans une casserole à feu vif sans cesser de remuer. Ajoutez les courgettes, les pâtissons et le fenouil. Faites cuire 1 ou 2 min en remuant jusqu'à ce que les légumes soient tendres en gardant leur couleur. Versez le bouillon, portez à ébullition, puis ajoutez les petits pois et les haricots. Après 5 min, ajoutez les pâtes pour une cuisson *al dente* 1 ou 2 min à feu doux.

3 Servez avec le pistou et le parmesan.

VÉGÉTARIEN

SOUPE AU POULET ET AU RIZ

POUR 4 PERSONNES

Préparation : 10 min
Cuisson : 25 min

400 g de poulet cuit effiloché
100 g de riz long grain
1,4 l de bouillon de volaille
3 œufs
le jus de 1 citron
1 poignée de persil plat finement ciselé
croûtons

1 Chauffez le bouillon avec le riz dans une grande casserole. Laissez mijoter 15 min à compter de l'ébullition, jusqu'à ce que le riz soit tendre. Ajoutez le poulet et prolongez la cuisson de 2 ou 3 min.

2 Battez les œufs et le jus de citron. Ajoutez 1 louche de bouillon chaud. Fouettez jusqu'à ce que le mélange soit bien lisse. Hors du feu, incorporez petit à petit ce mélange au riz en fouettant. La soupe va épaissir avec la chaleur résiduelle ; si besoin, chauffez 3 ou 4 min à feu doux en mélangeant. Salez et poivrez.

3 Servez aussitôt parsemé de persil et de croûtons.

SOUPE DE NOUILLES AU SAUMON

POUR 4 PERSONNES

Préparation : 10 min
Cuisson : 20 min

2 fagots de nouilles soba
4 gros pavés de saumon avec la peau
2 c. à soupe d'huile de tournesol
1 l de dashi (dans les épiceries asiatiques)
4 poignées de pois gourmands
1 poignée de champignons noirs réhydratés 20 min dans de l'eau chaude
350 g de tofu ferme en 12 cubes
6 oignons nouveaux en rondelles
sauce nuoc-mâm ou soja

1 Faites cuire les nouilles à l'eau bouillante. Égouttez-les, puis réservez-les dans de l'eau froide.

2 Mettez les pavés de saumon dans un plat creux, arrosez-les d'huile et enrobez-les bien. Saisissez-les à feu vif dans une sauteuse, côté peau sur le dessous, jusqu'à ce qu'elle soit bien grillée et que la chair ait pâli sur environ 1 cm. Retournez et faites griller l'autre face.

3 Faites bouillir le dashi. Blanchissez les pois et les champignons. Retirez-les avec une écumoire. Coupez les champignons en morceaux, jetez les pieds.

4 Répartissez les nouilles dans des bols. Ajoutez le saumon côté peau dessus, le tofu, les champignons et les pois gourmands. Versez le dashi. Parsemez d'oignons et arrosez de sauce. Servez.

EXOTIQUE

MINESTRONE AUX BLETTES

POUR 4 PERSONNES

Préparation : 15 min
Cuisson : 20 min

1 bouquet de blettes finement hachées
1 oignon émincé
20 g de beurre
1 l de bouillon de légumes
400 g de haricots blancs cannellini en boîte, égouttés, grossièrement écrasés
4 tranches épaisses de ciabatta
2 gousses d'ail pelées, coupées en 2
huile d'olive
parmesan finement râpé

1 Faites revenir l'oignon 4 ou 5 min avec le beurre frémissant dans une casserole à feu moyen. Ajoutez les blettes, faites cuire 5 min en remuant, jusqu'à ce qu'elles soient tendres. Versez le bouillon, ajoutez les haricots et portez à ébullition. Salez et poivrez.

2 Poêlez les tranches de pain sur les 2 faces. Frottez-les avec l'ail, puis mettez-les dans des bols. Arrosez-les d'huile, puis versez la soupe. Parsemez de parmesan et servez aussitôt.

VÉGÉTARIEN

SOUPE DE NOUILLES AUX CREVETTES

POUR 2 À 4 PERSONNES

Préparation : 15 min
Cuisson : 15 min

100 g de grosses crevettes crues
2 c. à soupe de pâte tom yum (dans les épiceries asiatiques)
1 piment rouge épépiné et finement émincé
1 poivron rouge en fines rondelles
100 g de champignons noirs
100 g de poireaux en petits dés
100 g de nouilles de riz
le jus de 1 citron vert
1 poignée de coriandre

1 Décortiquez les crevettes et ouvrez-les en 2 en papillon sans couper la queue. Retirez l'intestin.

2 Portez 60 cl d'eau à ébullition dans une grande casserole. Ajoutez la pâte tom yum et mélangez pour bien la dissoudre. Ajoutez le piment, le poivron, les champignons et les poireaux. Laissez frémir 5 min.

3 Couvrez les nouilles d'eau bouillante. Laissez tremper 3 à 5 min, pour qu'elles soient juste tendres. Égouttez-les et répartissez-les dans des bols profonds.

4 Mettez les crevettes dans la préparation au tom yum et laissez frémir 2 ou 3 min. Versez sur les nouilles. Arrosez de jus de citron, parsemez de coriandre et servez.

EXOTIQUE

SOUPE AU CHOU FRISÉ ET AU BACON

POUR 4 PERSONNES

Préparation : 15 min
Cuisson : 25 min

1/4 de chou frisé émincé
8 tranches de bacon fumé
2 c. à soupe d'huile d'olive
1 oignon émincé
2 gousses d'ail écrasées
300 g de pommes de terre pelées en dés
1 pincée de quatre-épices
40 cl de bouillon de volaille
40 cl de lait entier
2 c. à soupe de flocons d'avoine

1 Faites frire le bacon 2 ou 3 min à feu vif avec l'huile dans une casserole à fond épais. Baissez le feu, puis ajoutez l'oignon et l'ail. Couvrez et laissez cuire 3 min.

2 Ajoutez les pommes de terre et les épices. Couvrez et laissez cuire 2 ou 3 min, jusqu'à ce que les pommes de terre commencent à s'attendrir. Ajoutez le chou et faites-le tomber. Mélangez bien. Versez le bouillon et le lait, puis portez à ébullition. Laissez cuire jusqu'à ce que les pommes de terre soient tendres.

3 Mélangez bien les flocons d'avoine avec 3 ou 4 c. à soupe d'eau. Incorporez progressivement à la soupe en fouettant, jusqu'à ce qu'elle épaississe. Répartissez la soupe dans des bols, poivrez et servez.

SOUPE DE HARICOTS AU HADDOCK

POUR 4 PERSONNES

Préparation : 10 min
Cuisson : 20 min

800 g de haricots blancs en boîte, égouttés et rincés
300 g de haddock fumé sans peau, en dés
1 oignon rouge en rondelles
4 c. à soupe d'huile d'olive
60 cl de fumet de poisson
3 feuilles de laurier
le zeste râpé de 1 citron non traité
4 c. à soupe de crème liquide

1 Faites revenir l'oignon 10 min avec l'huile dans une casserole. Ajoutez le fumet, le laurier et le zeste. Portez à frémissement. Ajoutez le haddock et laissez cuire 3 ou 4 min, jusqu'à ce qu'il soit opaque.

2 Mixez la moitié des haricots en purée avec 20 cl d'eau. Ajoutez un peu d'eau si nécessaire. Versez dans la casserole avec les haricots entiers et la crème. Salez. Laissez chauffer à feu doux sans ébullition.

3 Poivrez et servez immédiatement dans des bols.

SOUPE DE ROQUETTE AUX ŒUFS POCHÉS

POUR 4 PERSONNES

Préparation : 15 min
Cuisson : 45 min

200 g de roquette
4 œufs
25 g de beurre
2 poireaux émincés
250 g de pommes de terre pelées en dés
1 l de bouillon de volaille
1 c. à café de vinaigre de vin blanc
10 cl de crème liquide

1 Faites fondre les poireaux avec le beurre 8 min à feu doux et à couvert dans une grande casserole. Ajoutez les pommes de terre, couvrez et faites cuire 5 min. Versez le bouillon et laissez mijoter 15 min, jusqu'à ce que les pommes de terre soient cuites. Hors du feu, ajoutez la roquette et laissez reposer 10 min.

2 Faites frémir de l'eau dans une grande sauteuse. Versez le vinaigre. Cassez les œufs, versez-les délicatement dans l'eau en veillant à ce qu'ils ne se touchent pas et pochez-les très exactement 3 min.

3 Mixez les légumes jusqu'à obtenir une soupe homogène. Ajoutez un peu de bouillon si nécessaire. Remettez la soupe dans la casserole, incorporez la crème, salez et poivrez.

4 Versez dans des bols. Ajoutez 1 œuf poché dans chaque, poivrez et servez.

RECETTE WAHOU !

SOUPE THAÏ DE PATATES DOUCES

POUR 4 PERSONNES

Préparation : 20 min
Cuisson : 25 min

500 g de patates douces en dés
1 oignon rouge émincé
1 c. à soupe d'huile d'olive
1 c. à soupe de pâte de curry rouge
50 cl de bouillon de volaille
50 cl de lait de coco

POUR LE PESTO THAÏ

100 g de cacahuètes non salées grillées
2 gousses d'ail émincées
2 c. à café de gingembre râpé
2 piments verts épépinés et émincés
1 petit bouquet de coriandre
1 grosse poignée de feuilles de menthe
1 grosse poignée de feuilles de basilic
2 c. à soupe de sauce soja
2 c. à soupe de jus de citron vert
1 c. à soupe de cassonade

1 Mettez les patates douces et l'oignon avec l'huile dans une casserole. Couvrez à moitié et laissez cuire 15 min à feu moyen en remuant souvent. Augmentez le feu, ajoutez le curry et faites revenir 3 ou 4 min. Versez le bouillon et le lait de coco, puis portez à ébullition.

2 Préparez le pesto. Mixez tous les ingrédients jusqu'à obtenir une pâte homogène.

3 Mixez finement les légumes. Réchauffez la soupe à feu doux, puis répartissez-la dans des bols. Ajoutez 1 grosse c. à soupe de pesto et servez.

EXOTIQUE

SOUPE VERTE AU GORGONZOLA

POUR 4 PERSONNES

Préparation : 15 min
Cuisson : 25 min

1 petit bouquet de cresson haché
300 g de petits pois
100 g de gorgonzola
en 4 morceaux
50 g de beurre
1 oignon émincé
1 branche de céleri émincée
100 g de roquette
1/2 c. à café de grains
de poivre noir concassés
1,5 l de bouillon de légumes

1 Faites fondre l'oignon et le céleri 2 ou 3 min avec le beurre chaud dans une grande casserole à feu vif. Ajoutez le cresson, la roquette et le poivre. Faites-les tomber 3 min. Ajoutez les petits pois et le bouillon puis portez à ébullition. Baissez le feu et laissez mijoter 10 min, pour que tous les légumes soient tendres.

2 Mixez jusqu'à obtenir une soupe homogène. Filtrez puis réchauffez à feu doux.

3 Répartissez le gorgonzola dans 4 bols. Versez la soupe et servez immédiatement.

SOUPE PAYSANNE À LA PANCETTA

POUR 4 PERSONNES

Préparation : 15 min
Cuisson : 45 min

300 g de pommes de terre nouvelles non pelées, en fines rondelles
150 g de pancetta en dés
40 g de beurre
1 oignon en rondelles
2 carottes pelées et en petits dés
2 c. à soupe de farine
60 cl de lait entier
40 cl de bouillon de volaille
3 feuilles de laurier
300 g de maïs
3 c. à soupe de crème fraîche épaisse

1 Grillez la pancetta avec le beurre dans une casserole pour qu'elle soit croustillante. Baissez le feu, ajoutez l'oignon, les carottes et les pommes de terre. Couvrez et chauffez 15 à 20 min à feu doux, en remuant souvent : les légumes doivent être tendres.

2 Saupoudrez de farine et mélangez 1 min. Versez progressivement le lait sans cesser de mélanger, puis le bouillon. Ajoutez le laurier. Portez à frémissement. Ajoutez le maïs et poursuivez la cuisson 5 min.

3 Hors du feu, incorporez la crème et salez. Répartissez la soupe dans des bols, poivrez et servez.

PLATS AUX ŒUFS ET PÂTES

ŒUFS POCHÉS, ENDIVES ET JAMBON

POUR 4 PERSONNES

Préparation : 15 min
Cuisson : 20 min

4 œufs
4 endives coupées en 2
8 tranches de jambon cru
25 g de beurre
1 c. à café de vinaigre de vin blanc
100 g de roquette
25 g de copeaux de parmesan

POUR LA VINAIGRETTE

1 petite gousse d'ail finement émincée
1 piment rouge épépiné et finement émincé
1 c. à soupe de vinaigre de vin rouge
2 c. à soupe d'huile d'olive
le zeste finement râpé et le jus de 1/2 citron non traité

1 Préparez la vinaigrette. Mélangez l'ail, le piment et le vinaigre. Versez l'huile en filet tout en fouettant, puis ajoutez le zeste et le jus de citron.

2 Mettez les endives, côté coupé dessous, dans une sauteuse avec le beurre à feu doux. Salez et poivrez, puis couvrez et laissez cuire 5 ou 6 min. Retournez les endives et faites-les dorer 5 min. Retournez-les et laissez caraméliser 3 ou 4 min. Réservez au chaud.

3 Faites frémir de l'eau dans une grande sauteuse. Versez le vinaigre. Cassez les œufs, versez-les délicatement dans l'eau en veillant à ce qu'ils ne se touchent pas et pochez-les très exactement 3 min.

4 Répartissez la roquette dans 4 assiettes. Ajoutez les endives et le jambon. Salez et poivrez. Déposez les œufs. Parsemez de parmesan, arrosez de vinaigrette et servez.

TORTILLA AUX POIVRONS

POUR 6 PERSONNES

Préparation : 20 min
Cuisson : 30 min

8 œufs
600 g de pommes de terre pelées, en fines rondelles
125 g de poivrons grillés et marinés en bocal, égouttés et en lamelles
6 c. à soupe d'huile d'olive
2 piments rouges en fines rondelles
1 oignon en fines rondelles

1 Chauffez 4 c. à soupe d'huile dans une sauteuse antiadhésive à feu moyen. Ajoutez les pommes de terre, les piments, l'oignon et 1/2 c. à café de sel. Couvrez et laissez cuire 15 min à feu doux en mélangeant de temps en temps, jusqu'à ce que les pommes de terre soient tendres.

2 Battez les œufs. Ajoutez le contenu de la sauteuse et les poivrons. Mélangez. Reversez dans la sauteuse avec le reste d'huile à feu moyen. Faites cuire 4 ou 5 min, jusqu'à ce que le dessous soit bien doré.

3 Enfournez la sauteuse sous le gril du four chaud et faites dorer le dessus 3 ou 4 min. Quand les œufs sont bien pris, coupez en parts et servez.

ŒUFS FRITS
ET RIZ SAUTÉ

POUR 2 PERSONNES

Préparation : 15 min
Cuisson : 20 min

4 œufs
150 g de riz au jasmin rincé
15 cl d'huile d'arachide
2 gousses d'ail écrasées
4 oignons nouveaux en rondelles
1 c. à café d'huile de sésame
1 c. à soupe de sauce soja
2 c. à soupe de sauce d'huîtres
2 piments rouges épépinés
et finement émincés
1 poignée de feuilles de coriandre

1 Faites cuire le riz. Égouttez et rincez.

2 Cassez 2 œufs dans un plat, puis faites-les glisser délicatement dans un wok avec l'huile d'arachide bien chaude (attention aux projections). Laissez cuire 1 ou 2 min — les blancs doivent être pris, mais les jaunes encore coulants. Retirez-les du wok avec une écumoire. Recommencez avec le reste des œufs.

3 Gardez 1 c. à soupe d'huile dans le wok. Faites-y revenir l'ail. Dès qu'il colore, ajoutez le riz et la moitié des oignons. Faites sauter 3 min, puis ajoutez l'huile de sésame, la sauce soja et du poivre. Mélangez.

4 Répartissez le riz et les œufs dans des assiettes. Arrosez de sauce d'huîtres. Parsemez de piment, du reste d'oignons et de coriandre.

EXOTIQUE

TORTILLA AUX CHAMPIGNONS

POUR 4 À 6 PERSONNES

Préparation : 15 min
Cuisson : 30 min

4 œufs
200 g de champignons de Paris émincés
3 pommes de terre cuites en dés
30 g de beurre
1 gousse d'ail écrasée
125 g de pousses d'épinards
10 cl de lait

1 Faites dorer uniformément les pommes de terre avec le beurre dans une sauteuse. Réservez. Faites cuire les champignons dans la sauteuse 5 min en remuant, avec un peu de beurre si besoin. Réservez. Remettez les pommes de terre dans la sauteuse. Parsemez d'ail, ajoutez les champignons et les épinards.

2 Mélangez les œufs et le lait dans un bol. Salez et poivrez. Versez ce mélange dans la sauteuse. Couvrez et laissez cuire 5 min à feu doux.

3 Faites dorer le dessus de la tortilla 6 à 8 min sous le gril du four chaud. Quand les œufs sont bien pris, découpez en parts et servez.

FRITTATA ÉPINARDS ET PANCETTA

POUR 4 PERSONNES

Préparation : 10 min
Cuisson : 30 min

6 œufs
175 g de pousses d'épinards
125 g de pancetta fumée en dés
1 c. à soupe d'huile d'olive
4 oignons nouveaux émincés
1 gousse d'ail finement émincée

1 Dorez la pancetta 3 ou 4 min avec l'huile dans une sauteuse antiadhésive à feu moyen. Ajoutez les oignons, l'ail et les épinards. Faites revenir 3 ou 4 min.

2 Battez les œufs. Salez et poivrez, puis versez dans la sauteuse. Mélangez rapidement et faites cuire 8 à 10 min à feu doux, jusqu'à ce que la frittata soit bien dorée en dessous.

3 Faites dorer le dessus 6 à 8 min sous le gril du four chaud. Découpez en parts et servez.

TORTILLA AU FROMAGE ET TAPENADE

POUR 4 PERSONNES

Préparation : 15 min
Cuisson : 35 min

4 œufs
100 g de taleggio (fromage italien à pâte pressée) en morceaux
12 petites pommes de terre à chair ferme en épaisses rondelles
1 petit oignon rouge émincé
1 c. à soupe d'huile d'olive
25 cl de bouillon de légumes
1 poignée de persil plat ciselé

POUR LA TAPENADE ROUGE

1 gros poivron rouge
1 gousse d'ail émincée
50 g de pignons de pin légèrement grillés
2 c. à soupe d'huile d'olive
50 g de parmesan finement râpé

1 Pour la tapenade, grillez le poivron sur une plaque 15 min à four chaud (220 °C). Retournez-le régulièrement, jusqu'à ce que la peau noircisse. Laissez refroidir dans un sac congélation. Pelez-le, épépinez-le, puis coupez-le en dés. Mixez finement avec l'ail, les pignons et l'huile. Incorporez le parmesan.

2 Faites revenir les pommes de terre et l'oignon 1 min avec l'huile dans une sauteuse à feu vif. Versez le bouillon et faires cuire 10 min, jusqu'à ce que les pommes de terre soient tendres et que le bouillon se soit évaporé. Ajoutez le persil et le fromage.

3 Battez les œufs. Salez, poivrez et versez dans la sauteuse. Faites dorer le dessous 2 ou 3 min, puis enfournez 3 ou 4 min sous le gril du four chaud. Étalez un peu de tapenade sur un plat et faites-y glisser la tortilla. Servez avec le reste de tapenade.

FRITTATA AUX PETITS POIS

POUR 3 OU 4 PERSONNES

Préparation : 15 min
Cuisson : 35 min

6 œufs
250 g de petits pois surgelés
100 g de petites asperges vertes en tronçons
75 g de pecorino râpé
3 fines tranches de jambon de Parme
3 c. à soupe d'origan ciselé
1 c. à soupe de persil plat ciselé
2 c. à soupe d'huile d'olive
1 oignon émincé

1 Faites cuire les asperges à l'eau bouillante 5 ou 6 min, jusqu'à ce qu'elles soient tendres. Égouttez-les et rincez-les sous l'eau froide.

2 Battez les œufs. Salez et poivrez. Ajoutez les 2/3 du pecorino, l'origan, le persil, les asperges et les petits pois.

3 Chauffez l'huile dans une sauteuse à feu moyen. Faites dorer l'oignon 5 min. Ajoutez les œufs et mélangez rapidement. Laissez cuire 12 à 15 min à feu doux, jusqu'à ce que la frittata soit dorée en dessous.

4 Parsemez du reste de pecorino. Déchirez les tranches de jambon en 2 ou 3 morceaux et répartissez-les sur la frittata. Faites dorer 3 ou 4 min dans la sauteuse sous le gril du four chaud, jusqu'à ce que le fromage soit fondu et les œufs pris. Servez aussitôt.

TORTILLA CAMPAGNARDE

POUR 4 À 6 PERSONNES

Préparation : 20 min
Cuisson : 40 min

6 œufs
75 g de haricots verts équeutés et coupés en 3
70 g d'asperges vertes en tronçons
4 c. à soupe d'huile d'olive
3 pommes de terre pelées et en dés
1 oignon en lamelles
1 poivron rouge en fines rondelles
75 g de chorizo fort en rondelles
1 gousse d'ail finement émincée
75 g de petits pois surgelés

1 Faites cuire à l'eau bouillante les asperges et les haricots verts 5 ou 6 min après la reprise de l'ébullition. Égouttez-les et rincez-les sous l'eau froide.

2 Faites cuire les pommes de terre 5 min dans une sauteuse à feu moyen avec 2 c. à soupe d'huile. Ajoutez l'oignon et faites-le fondre. Ajoutez le poivron, le chorizo, les asperges, les haricots et l'ail. Faites cuire encore 5 min sans cesser de remuer.

3 Battez les œufs. Salez, poivrez, puis ajoutez les petits pois et les légumes cuits. Versez dans la sauteuse avec le reste d'huile. Faites cuire 10 min à feu doux, jusqu'à ce que la tortilla soit dorée en dessous.

4 Faites dorer le dessus 3 ou 4 min sous le gril du four chaud. Quand les œufs sont pris, coupez la tortilla en parts et servez.

TORTILLA PAELLA

POUR 4 À 6 PERSONNES

Préparation : 15 min
Cuisson : 30 min

6 œufs
1 blanc de poulet en lamelles
3 c. à soupe d'huile d'olive
1 oignon émincé
1 gousse d'ail émincée
1 poivron rouge en rondelles
2 tomates en morceaux
100 g de riz long grain
1 pincée de filaments de safran trempés dans 2 c. à soupe d'eau chaude
25 cl de bouillon de volaille
150 g de mélange de fruits de mer
3 c. à soupe de petits pois

1 Faites bien dorer le poulet avec 2 c. à soupe d'huile dans une sauteuse. Réservez.

2 Mettez l'oignon, l'ail et le poivron dans la sauteuse. Faites-les revenir 5 ou 6 min sans cesser de remuer. Ajoutez les tomates, le riz, le safran, le bouillon et le poulet. Salez et poivrez. Couvrez et laissez cuire 5 min à feu doux. Ajoutez les fruits de mer et les petits pois, puis mélangez.

3 Battez les œufs. Salez et poivrez, puis ajoutez la paella et mélangez. Versez dans la sauteuse avec le reste d'huile. Faites cuire 10 min à feu doux, jusqu'à ce que le dessous soit bien doré.

4 Faites dorer le dessus 3 ou 4 min dans la sauteuse sous le gril du four chaud. Quand les œufs sont pris, coupez la tortilla en parts et servez.

TORTILLA AU JAMBON ET À L'ARTICHAUT

POUR 3 OU 4 PERSONNES

Préparation : 15 min
Cuisson : 35 min

5 gros œufs
100 g de jambon serrano finement tranché
400 g de cœurs d'artichaut en boîte, égouttés et coupés en 2
350 g de pommes de terre pelées et en dés
3 c. à soupe d'huile d'olive
1 oignon émincé
2 c. à soupe de thym
6 à 8 rondelles de chèvre avec la croûte

1 Faites cuire les pommes de terre 5 min à feu moyen avec 2 c. à soupe d'huile dans une sauteuse antiadhésive. Ajoutez l'oignon et poursuivez la cuisson 10 min en remuant de temps en temps.

2 Battez les œufs. Salez et poivrez. Ajoutez les artichauts, le thym et les 3/4 du jambon, puis les pommes de terre et l'oignon. Mélangez délicatement. Versez dans la sauteuse avec l'huile. Laissez cuire à feu moyen environ 6 min. Recouvrez du reste de jambon. Poursuivez la cuisson 4 ou 5 min, jusqu'à ce que la tortilla soit dorée en dessous.

3 Répartissez le chèvre sur la tortilla et faites dorer 2 ou 3 min sous le gril du four chaud. Coupez en parts et servez.

FRITTATA DE SPAGHETTIS À L'ARRABIATA

POUR 4 PERSONNES

Préparation : 15 min
Cuisson : 25 min

6 œufs
325 g de spaghettis cuits, froids
1 oignon émincé
3 c. à soupe d'huile d'olive
1 gousse d'ail écrasée
3 tomates bien mûres en morceaux
1 piment rouge épépiné et finement émincé
2 c. à soupe de concentré de tomates
15 cl de vin blanc ou d'eau
2 c. à soupe de parmesan râpé
25 g de roquette
2 c. à soupe de vinaigre balsamique

1 Faites revenir l'oignon 5 min avec 1 c. à soupe d'huile dans une casserole. Ajoutez l'ail, les tomates et le piment, puis laissez cuire 3 ou 4 min en mélangeant de temps en temps. Versez le concentré de tomates et le vin, puis laissez mijoter 5 min. Hors du feu, ajoutez les spaghettis et mélangez délicatement.

2 Battez les œufs. Ajoutez la préparation et mélangez. Versez avec le reste d'huile dans une sauteuse. Faites cuire 10 à 12 min à feu doux, jusqu'à ce que la frittata soit bien dorée en dessous.

3 Parsemez de parmesan. Faites dorer le dessus 1 min sous le gril du four chaud. Quand les œufs sont pris, faites glisser la frittata sur une assiette. Garnissez de roquette, arrosez de vinaigre et servez.

ŒUFS CRÉMEUX AU CHÈVRE

POUR 4 PERSONNES

Préparation : 5 min
Cuisson : 10 min

12 œufs
10 cl de crème liquide
200 g de fromage de chèvre en dés
2 c. à soupe de marjolaine ciselée
50 g de beurre
8 tranches de pain aux noix grillées

1 Battez les œufs et la crème avec la marjolaine et 1 pincée de sel et de poivre. Versez dans une poêle chaude avec le beurre et faites cuire 5 min à feu doux sans cesser de remuer.

2 Ajoutez le chèvre et poursuivez la cuisson 5 min sans cesser de remuer, jusqu'à ce qu'il fonde. Répartissez les œufs sur le pain et servez.

SUPER EXPRESS

FRITTATA AUX ASPERGES

POUR 4 PERSONNES

Préparation : 20 min
Cuisson : 10 min

6 œufs
250 g d'asperges vertes, les extrémités coupées
1 c. à soupe d'huile d'olive
4 oignons nouveaux finement émincés
2 c. à soupe d'herbes aromatiques ciselées
50 g de ricotta
15 g de beurre

1 Enrobez les asperges d'huile, salez et poivrez légèrement. Faites-les griller 3 ou 4 min à feu vif dans une poêle gril en les retournant régulièrement.

2 Battez les œufs. Salez et poivrez. Ajoutez les oignons, les herbes et la ricotta. Versez avec le beurre dans une grande sauteuse antiadhésive à feu moyen. Répartissez les asperges dessus et faites cuire 3 ou 4 min, jusqu'à ce que le dessous soit doré.

3 Faites dorer la frittata 1 min dans la sauteuse sous le gril du four. Quand les œufs sont pris, coupez en parts et servez, avec du saumon fumé par exemple.

FRITTATA ASIATIQUE

POUR 4 PERSONNES

Préparation : 15 min
Cuisson : 15 min

8 œufs
2 échalotes émincées
1 brocoli en fleurettes
200 g de champignons shiitakés
1 c. à soupe d'huile de tournesol
50 g de pousses d'épinards
2 c. à café de sauce soja
300 g de tofu en dés

1 Faites revenir les échalotes, le brocoli et les shiitakés 3 ou 4 min avec l'huile dans une grande sauteuse à feu vif, jusqu'à ce que les champignons soient tendres. Ajoutez les épinards et faites-les tomber. Arrosez de sauce soja et répartissez le tofu.

2 Battez les œufs, puis versez-les dans la sauteuse. Faites cuire 4 ou 5 min à feu vif, jusqu'à ce que le dessous ait bien gonflé.

3 Enfournez la sauteuse pour 5 min sous le gril du four chaud, jusqu'à ce que le dessus soit bien doré et ferme au toucher. Laissez un peu refroidir, puis poivrez, coupez en parts et servez.

EXOTIQUE

PENNE AUX BOULETTES

POUR 4 PERSONNES

Préparation : 15 min
Cuisson : 25 min

400 g de penne
400 g de chair à saucisse
1 oignon émincé
2 gousses d'ail écrasées
2 c. à soupe d'huile d'olive
800 g de tomates concassées en boîte
1 c. à soupe de concentré de tomates
1/2 c. à café de sucre en poudre
parmesan finement râpé

1 Faites revenir l'oignon et l'ail 2 ou 3 min avec l'huile dans une sauteuse à feu moyen. Ajoutez les tomates concassées et le concentré, le sucre et 12,5 cl d'eau. Portez à ébullition, puis baissez le feu.

2 Façonnez des boulettes de chair de saucisse de la taille d'une noix. Ajoutez-les dans la sauteuse et laissez mijoter 5 min en remuant. Salez et poivrez.

3 Faites cuire les pâtes à l'eau bouillante salée. Égouttez-les, puis répartissez-les dans des assiettes. Déposez les boulettes dessus. Parsemez de parmesan et servez.

SPÉCIAL KIDS

FUSILLI
AU THON CRU

POUR 4 PERSONNES

Préparation : 15 min
Cuisson : 25 min

350 g de fusilli
500 g de steak de thon
en petits dés
4 gousses d'ail émincées
6 c. à soupe d'huile d'olive
1 piment rouge épépiné et émincé
le zeste râpé et le jus de 1 citron
+ 2 citrons coupés
en 2 pour servir
1 c. à soupe de thym ciselé
1 poignée de feuilles de basilic

1 Faites cuire les pâtes à l'eau bouillante salée. Égouttez-les en réservant 4 c. à soupe d'eau de cuisson, puis remettez le tout dans la casserole.

2 Faites revenir l'ail 2 min avec l'huile dans une sauteuse à feu moyen. Ajoutez le piment, le zeste et le thym. Poursuivez la cuisson 1 min.

3 Versez l'huile à l'ail et le jus de citron dans les pâtes. Ajoutez le thon et le basilic. Salez et poivrez. Servez chaud avec 1/2 citron à presser par personne.

SPAGHETTIS AUX COURGETTES

POUR 4 PERSONNES

Préparation : 15 min
Cuisson : 25 min

400 g de spaghettis
4 petites courgettes en bâtonnets
100 g de chapelure
10 cl d'huile d'olive
2 gousses d'ail râpées
2 petits piments rouges épépinés et émincés
parmesan finement râpé

1 Faites cuire les pâtes à l'eau bouillante salée, puis égouttez-les.

2 Poêlez la chapelure 3 ou 4 min sans cesser de remuer avec la moitié de l'huile : elle doit être uniformément dorée et dégager un arôme de noisette. Déposez-la sur du papier absorbant.

3 Versez le reste d'huile dans la sauteuse. Faites dorer les courgettes 5 min à feu vif sans cesser de remuer. Ajoutez l'ail et les piments. Poursuivez la cuisson 4 ou 5 min en remuant. Incorporez les pâtes et la chapelure. Servez avec du parmesan.

TAGLIATELLES AUX CREVETTES

POUR 4 PERSONNES

Préparation : 20 min
Cuisson : 20 min

350 g de tagliatelles
20 grosses crevettes décortiquées avec les queues
2 gousses d'ail écrasées
1/2 c. à café de piment en poudre
4 c. à soupe d'huile d'olive
1 citron en quartiers
1 c. à café de romarin ciselé
2 c. à soupe de persil plat ciselé
1 c. à soupe de ciboulette ciselée
1 poignée de roquette

1 Faites cuire les pâtes à l'eau bouillante salée.

2 Mettez les crevettes dans un bol avec l'ail, le piment et 1 c. à soupe d'huile. Salez et poivrez. Mélangez bien, puis piquez 5 crevettes par brochette. Faites-les cuire 3 min sur chaque face dans une poêle gril. Réservez au chaud.

3 Mettez les quartiers de citron dans la poêle et faites-les dorer 30 sec sur chaque face.

4 Égouttez les pâtes et remettez-les dans la casserole chaude. Ajoutez le reste d'huile, les herbes et la roquette. Salez, poivrez et mélangez. Servez avec 1 brochette et du citron.

RECETTE WAHOU !

TAGLIATELLES BROCOLI ET ANCHOIS

POUR 2 PERSONNES

Préparation : 10 min
Cuisson : 20 min

175 g de tagliatelles
300 g de brocoli en fleurettes
3 filets d'anchois grossièrement hachés
2 gousses d'ail écrasées
1/2 c. à café de piment fort en poudre
1 c. à soupe d'huile d'olive
100 g de crème liquide
parmesan finement râpé

1 Faites cuire les pâtes à l'eau bouillante salée. Ajoutez le brocoli 3 ou 4 min avant la fin de la cuisson. Égouttez le tout en réservant un peu d'eau de cuisson.

2 Poêlez l'ail, le piment et les anchois 2 min environ à feu doux dans l'huile, puis versez la crème. Poivrez légèrement et portez à ébullition.

3 Ajoutez le brocoli, les pâtes, et un peu de l'eau de cuisson réservée pour fluidifier la sauce si nécessaire. Salez et poivrez. Servez parsemé de parmesan.

SPAGHETTIS TOMATES-BASILIC

POUR 4 À 6 PERSONNES

Préparation : 15 min
Cuisson : 15 min

350 g de spaghettis
1 kg de tomates
6 c. à soupe d'huile d'olive
2 piments rouges épépinés et émincés
2 gousses d'ail écrasées
1 bouquet de basilic ciselé
1 c. à café de sucre en poudre
parmesan finement râpé

1 Incisez les tomates en croix, puis ébouillantez-les 1 min. Égouttez-les, pelez-les, puis coupez-les en petits morceaux dans un bol. Ajoutez l'huile, les piments, l'ail, le basilic et le sucre. Salez, poivrez et laissez mariner.

2 Faites cuire les pâtes à l'eau bouillante salée. Égouttez-les, puis remettez-les dans la casserole à feu doux. Ajoutez la sauce tomate et mélangez bien.

3 Servez parsemé de parmesan.

SPÉCIAL KIDS

SPAGHETTIS PRIMAVERA

POUR 4 PERSONNES

Préparation : 20 min
Cuisson : 30 min

400 g de spaghettis
100 g de chapelure
1 c. à soupe de zeste de citron finement râpé
1 c. à soupe de thym effeuillé
4 c. à soupe d'huile d'olive
50 g de parmesan finement râpé
150 g de petits pois
100 g de haricots verts
1 botte de mini-asperges en rondelles
2 petites courgettes en rondelles
2 gousses d'ail émincées
2 tomates mûres, pelées et épépinées, en petits morceaux

1 Faites dorer la chapelure, le zeste et le thym 4 ou 5 min sans cesser de remuer avec la moitié de l'huile dans une sauteuse à feu moyen. Ajoutez 1 c. à soupe de parmesan et mélangez. Réservez.

2 Faites cuire à l'eau bouillante les petits pois, les haricots, les asperges et les courgettes 2 min après la reprise de l'ébullition. Égouttez bien.

3 Faites revenir l'ail quelques secondes avec le reste d'huile. Ajoutez les tomates et, après 1 min, les légumes blanchis. Laissez cuire 1 ou 2 min. Gardez au chaud.

4 Faites cuire les pâtes à l'eau bouillante salée. Égouttez-les et remettez-les dans la casserole chaude. Ajoutez les légumes et la moitié de la chapelure. Mélangez. Salez et poivrez. Servez avec le reste de chapelure et de parmesan.

TAGLIATELLES ET PESTO AU CHÈVRE

POUR 4 PERSONNES

Préparation : 15 min
Cuisson : 25 min

400 g de tagliatelles
250 g de petits pois
quelques feuilles de basilic
parmesan finement râpé

POUR LE PESTO AU CHÈVRE

25 g de pignons de pin
1 petite gousse d'ail pelée
2 piments verts épépinés
40 g de basilic effeuillé
10 cl d'huile d'olive
100 g de chèvre frais émietté

1 Préparez le pesto. Faites dorer les pignons à sec dans une poêle. Mixez l'ail, les piments, le basilic et 1 grosse pincée de sel. Ajoutez les pignons et mixez grossièrement. Versez la moitié de l'huile, mixez, puis versez le reste. Incorporez le pesto, salez et poivrez.

2 Faites cuire les pâtes à l'eau bouillante salée. Égouttez-les, puis remettez-les dans la casserole.

3 Faites cuire les petits pois à l'eau bouillante 4 ou 5 min à compter de la reprise de l'ébullition. Égouttez-les bien, puis ajoutez-les aux pâtes ainsi que 2 ou 3 grosses c. à soupe de pesto. Mélangez, puis ajoutez le reste du pesto en remuant bien.

4 Servez avec du basilic et du parmesan.

LINGUINE AUX COQUES ET TOMATES

POUR 4 PERSONNES

Préparation : 15 min
Cuisson : 30 min

350 g de linguine
750 g de coques lavées, brossées et triées
250 g de tomates cerises coupées en 2
15 cl de vin blanc sec
10 cl d'huile d'olive
2 gousses d'ail en fines rondelles
1 grosse pincée de piment fort en poudre
3 brins d'estragon finement ciselés

1 Portez le vin à ébullition à feu vif dans une grande casserole. Ajoutez les coques, couvrez et laissez cuire 5 min. Mélangez, remettez le couvercle et poursuivez la cuisson 2 min. Toutes les coques doivent être ouvertes ; jetez celles qui sont restées fermées. Mettez les coques et le jus de cuisson dans un saladier.

2 Faites cuire les pâtes à l'eau bouillante salée. Égouttez-les.

3 Faites revenir l'ail, le piment et les tomates cerises avec la moitié de l'huile dans une grande casserole 5 min à feu moyen, jusqu'à ce que les tomates se fendent. Ajoutez les coques et 20 cl de jus de cuisson filtré. Portez à ébullition. Ajoutez les pâtes, l'estragon et le reste d'huile. Poivrez généreusement. Servez chaud.

LINGUINE TOMATES ET ENDIVE

POUR 4 PERSONNES

Préparation : 10 min
Cuisson : 20 min

400 g de linguine
6 tomates multicolores en morceaux
1 endive rouge émincée
4 gousses d'ail émincées
5 c. à soupe d'huile d'olive
1 poignée de petites olives noires
50 g de parmesan finement râpé

1 Faites revenir l'ail 2 min dans une sauteuse à feu moyen avec l'huile. Ajoutez les tomates et laissez-les cuire 2 ou 3 min, jusqu'à ce qu'elles commencent à peine à éclater. Hors du feu, ajoutez l'endive et les olives. Salez et poivrez.

2 Faites cuire les pâtes à l'eau bouillante salée. Égouttez-les. Ajoutez la sauce tomate et la moitié du parmesan. Servez parsemé du reste de parmesan.

PAPPARDELLE AUX CHAMPIGNONS

POUR 4 PERSONNES

Préparation : 10 min
Cuisson : 45 min

400 g de pappardelle
400 g de champignons de Paris en lamelles
200 g de châtaignes grillées en boîte
3 c. à soupe d'huile d'olive
2 gousses d'ail émincées
2 brins de thym
12,5 cl de vin blanc sec
25 cl de crème liquide
1 bouquet de ciboulette ciselée
50 g de pecorino râpé

1 Faites revenir l'ail 1 min avec l'huile dans une sauteuse à feu vif, en veillant à ce qu'il ne brûle pas. Ajoutez les champignons, les châtaignes et le thym. Baissez le feu, couvrez partiellement et faites cuire 10 min sans cesser de remuer.

2 Versez le vin et faites-le réduire de moitié. Ajoutez la crème, baissez le feu et laissez épaissir 15 min. Ajoutez la ciboulette et la moitié du pecorino. Mélangez. Salez et poivrez. Gardez au chaud.

3 Faites cuire les pâtes à l'eau bouillante salée. Égouttez-les, puis remettez-les dans la casserole. Ajoutez la sauce et mélangez délicatement. Servez parsemé du reste de pecorino.

PENNE RICOTTA-ROQUETTE

POUR 4 PERSONNES

Préparation : 5 min
Cuisson : 15 min

350 g de penne
250 g de ricotta écrasée
125 g de roquette grossièrement ciselée
100 g de pignons de pin
6 c. à soupe d'huile d'olive
2 c. à soupe de persil plat ciselé
2 c. à soupe de basilic ciselé
50 g de parmesan finement râpé

1 Faites cuire les pâtes à l'eau bouillante salée. Pendant ce temps, faites dorer les pignons avec l'huile dans une sauteuse à feu doux.

2 Égouttez les pâtes en réservant 4 c. à soupe d'eau de cuisson, puis remettez le tout dans la casserole. Ajoutez les pignons et leur huile de cuisson, la roquette, les herbes, la ricotta et la moitié du parmesan. Poivrez généreusement. Mélangez bien.

3 Servez parsemé du reste de parmesan.

SUPER EXPRESS

PÂTES AUX CREVETTES ET AU CHORIZO

POUR 4 PERSONNES

Préparation : 15 min
Cuisson : 30 min

300 g de pâtes
200 g de grosses crevettes crues décortiquées
100 g de chorizo en petits dés
1 c. à soupe de vinaigre de vin rouge
2 c. à soupe d'huile d'olive
1 oignon rouge émincé
1 poivron vert en fines rondelles
1/2 c. à café de paprika
400 g de tomates concassées en boîte
1 poignée de menthe ciselée
1 poignée de persil plat ciselé

1 Faites mariner les crevettes avec le vinaigre, 1 c. à soupe d'huile, du sel et du poivre.

2 Faites revenir l'oignon, le poivron et le chorizo 4 ou 5 min à feu vif avec le reste d'huile dans une casserole à fond épais. Ajoutez le paprika et chauffez 1 min sans cesser de remuer. Ajoutez les tomates et 12,5 cl d'eau. Portez à ébullition. Laissez épaissir 5 min.

3 Faites cuire les pâtes à l'eau bouillante salée. Égouttez-les, puis remettez-les dans la casserole. Ajoutez la sauce et gardez au chaud à feu très doux.

4 Poêlez les crevettes 2 min sur chaque face, jusqu'à ce qu'elles soient roses et cuites à cœur. Ajoutez-les aux pâtes et rectifiez l'assaisonnement. Servez parsemé de menthe et de persil.

NOUILLES SAUTÉES AU BŒUF

POUR 4 PERSONNES

Préparation : 15 min
Cuisson : 25 min

4 nids de nouilles aux œufs
500 g de bœuf en fines lamelles
2 c. à soupe d'huile d'arachide
4 petites gousses d'ail finement émincées
1 c. à soupe de pâte de curry vert thaï
1 c. à soupe de sauce soja
3 c. à soupe de nuoc-mâm
2 c. à café de sucre en poudre
100 g de pousses de soja
100 g de brocoli
1 carotte pelée et en petits bâtonnets

1 Faites cuire les nouilles à l'eau. Égouttez et rincez.

2 Faites dorer l'ail 5 min avec l'huile dans un wok. Ajoutez la pâte de curry, mélangez bien et chauffez quelques instants.

3 Ajoutez successivement le bœuf, les nouilles, la sauce soja, le nuoc-mâm, le sucre, les pousses de soja, le brocoli et la carotte en mélangeant bien entre chaque ajout. Faites sauter à feu vif 2 ou 3 min. Servez sans attendre.

EXOTIQUE

PAD THAÏ AU POULET

POUR 2 PERSONNES

Préparation : 20 min
Cuisson : 20 min

150 g de tagliatelles de riz
2 blancs de poulet en dés de 2 cm
2 gousses d'ail écrasées
1 gros piment rouge épépiné et finement émincé
1 1/2 c. à soupe d'huile végétale
2 c. à soupe de nuoc-mâm
2 œufs légèrement battus
40 g de ciboulette chinoise ciselée
100 g de pousses de soja
1 c. à soupe de pâte de tamarin
1 c. à soupe de cassonade
3 c. à soupe de cacahuètes grillées hachées
2 oignons nouveaux en fines rondelles
1 trait de jus de citron vert
2 c. à soupe de coriandre ciselée
tranches de citron vert

1 Versez de l'eau bouillante sur les pâtes. Laissez-les ramollir 20 min, puis égouttez-les.

2 Mixez l'ail et le piment avec un peu d'eau pour obtenir une pâte grossière. Faites-la frire 1 min à feu vif avec 1 c. à soupe d'huile dans un wok. Mélangez le poulet à 1/2 c. de nuoc-mâm, faites-le cuire 4 min dans le wok, puis retirez-le.

3 Mettez les œufs avec le reste d'huile dans le wok. Laissez-les prendre sur le dessous, puis mélangez-les à la cuillère pour obtenir des œufs légèrement brouillés. Ajoutez le poulet, les vermicelles, la ciboulette, le soja, le reste de nuoc-mâm, la pâte de tamarin, la cassonade et la moitié des cacahuètes. Mélangez bien. Faites revenir 2 à 4 min, jusqu'à ce que les vermicelles soient cuits. Ajoutez les oignons et le jus de citron. Rectifiez l'assaisonnement si besoin.

4 Parsemez de coriandre et de cacahuètes. Servez accompagné de citron vert.

EXOTIQUE

NOUILLES COMME À SINGAPOUR

POUR 2 PERSONNES

Préparation : 20 min
Cuisson : 15 min

250 g de nouilles aux œufs
4 échalotes finement émincées
2 gousses d'ail écrasées
3 cm de gingembre râpé
2 c. à soupe d'huile d'arachide
200 g de châtaignes d'eau en bocal rincées, égouttées et en morceaux
200 g de filet mignon de porc en fines lamelles
400 g de crevettes crues décortiquées et déveinées, avec les queues
2 œufs légèrement battus
2 c. à soupe de sauce soja
2 c. à soupe de sauce d'huîtres
2 oignons nouveaux finement émincés

1 Faites cuire les nouilles à l'eau. Égouttez et rincez.

2 Faites revenir les échalotes, l'ail et le gingembre 2 min à feu vif avec l'huile dans un wok. Ajoutez les châtaignes d'eau, le porc, les crevettes et les œufs battus. Laissez cuire 1 min, puis ajoutez les nouilles. Mélangez bien. Ajoutez la sauce soja et la sauce d'huîtres. Baissez le feu. Salez et poivrez.

3 Répartissez les nouilles dans des assiettes et parsemez d'oignons. Servez immédiatement avec une sauce pimentée.

EXOTIQUE

SOUPE DE NOUILLES AU POULET

POUR 4 PERSONNES

Préparation : 15 min
Cuisson : 40 min

400 g de nouilles aux œufs fraîches
4 cuisses de poulet désossées et en gros morceaux
50 cl d'huile d'arachide
2 c. à soupe de pâte de curry rouge thaï
1 c. à café de curcuma
1 c. à café de cumin en poudre
25 cl de bouillon de volaille
25 cl de lait de coco
1 c. à soupe de nuoc-mâm
4 oignons nouveaux finement émincés
4 c. à soupe de coriandre ciselée
1 c. à soupe de piment en poudre
4 échalotes en fines rondelles
2 citrons verts en tranches

1 Faites frire la moitié des nouilles 2 min avec l'huile dans un wok. Égouttez-les sur du papier absorbant. Réservez et laissez refroidir.

2 Faites cuire le reste des nouilles à l'eau. Égouttez-les et rincez-les.

3 Chauffez dans le wok 2 c. à soupe de l'huile utilisée pour la friture. Faites-y revenir 2 min la pâte de curry, le curcuma et le cumin. Ajoutez le poulet et poursuivez la cuisson 3 min. Versez le bouillon et portez à ébullition. Baissez le feu, puis ajoutez le lait de coco et le nuoc-mâm. Laissez mijoter 10 à 15 min. Hors du feu, ajoutez les oignons et la coriandre.

4 Versez de l'eau bouillante sur les nouilles cuites à l'eau. Égouttez-les et répartissez-les dans des bols. Versez la soupe, saupoudrez de piment, répartissez les nouilles frites, les échalotes et le citron vert. Servez.

EXOTIQUE

PLATS SAUTÉS

WOK DE LÉGUMES AU TOFU

POUR 4 PERSONNES

Préparation : 20 min
Cuisson : 20 min

250 g de tofu en cubes de 2 cm
1/2 c. à café de cinq-épices
2 c. à soupe d'huile végétale
3 gousses d'ail écrasées
200 g de brocoli en fleurettes
200 g de petits pak-choï coupés en 2
200 g de pois gourmands
1 carotte en bâtonnets
1 poivron rouge épépiné en lamelles
85 g de châtaignes d'eau en bocal, égouttées et émincées
85 g de pousses de bambou en boîte

POUR LA SAUCE

2 c. à soupe de sauce d'huîtres
2 c. à soupe de sauce soja
12,5 cl de bouillon de légumes
1 c. à soupe de fécule de maïs dans 2 c. à soupe d'eau froide

1 Mélangez tous les ingrédients de la sauce.

2 Saupoudrez le tofu de cinq-épices. Faites-le dorer en plusieurs fois dans un wok 5 min à feu vif avec l'huile. Déposez-le sur du papier absorbant.

3 Mettez l'ail dans le wok et faites-le dorer 1 min. Ajoutez le brocoli, le pak-choï, les pois gourmands, la carotte et le poivron. Arrosez d'un peu d'eau et faites revenir 2 ou 3 min à feu vif. Ajoutez les châtaignes et les pousses de bambou.

4 Versez la sauce dans le wok et portez à ébullition. Baissez le feu et laissez épaissir 2 min à feu doux. Servez dans des bols.

EXOTIQUE

LÉGUMES SAUTÉS À LA CITRONNELLE

POUR 4 PERSONNES

Préparation : 15 min
Cuisson : 10 min

250 g de pointes d'asperges vertes
2 poivrons rouges en lanières
250 g de tofu en dés
1 tige de citronnelle finement émincée
50 g de noix de cajou
2 piments rouges épépinés en rondelles
2 c. à soupe de zeste de citron vert râpé
2 gousses d'ail écrasées
2 cm de gingembre pelé et en rondelles
1 c. à soupe d'huile de tournesol
1 c. à soupe de pâte de tamarin
2 c. à soupe de sauce soja
1 c. à soupe de miel liquide

1 Faites sauter 1 min à feu moyen les noix de cajou, les piments, la citronnelle, le zeste, l'ail et le gingembre avec l'huile dans un wok.

2 Ajoutez le tofu, les asperges et les poivrons. Faites sauter 2 min, jusqu'à ce que les asperges et les poivrons soient tendres et les noix bien dorées. Ajoutez la pâte de tamarin, la sauce soja et le miel, puis versez 10 cl d'eau. Augmentez le feu et portez à ébullition. Laissez bouillir 3 min.

3 Répartissez les légumes et le tofu dans des bols en retirant le gingembre. Vous pouvez servir avec du riz.

EXOTIQUE

NOUILLES SAUTÉES À LA DINDE

POUR 2 PERSONNES

Préparation : 15 min
Cuisson : 15 min

100 g de haricots verts coupés en 2
2 gousses d'ail hachées
6 oignons nouveaux émincés
100 g de nouilles ramen
3 c. à soupe de sauce hoisin
le jus d'1 citron vert
1 c. à soupe de sauce pimentée
1 c. à soupe d'huile de tournesol
250 g de viande de dinde hachée

1 Faites cuire les nouilles 1 min à l'eau bouillante salée, ajoutez les haricots verts et prolongez la cuisson de 2 min. Égouttez le tout et réservez.

2 Mélangez la sauce hoisin, le jus de citron et la sauce pimentée. Mettez l'huile à chauffer dans un wok ou dans une poêle, puis faites rissoler la viande jusqu'à ce qu'elle soit bien dorée. Ajoutez l'ail et prolongez la cuisson de 1 min. Incorporez la sauce, puis prolongez la cuisson de 3 min. Complétez avec les nouilles, les haricots verts et la moitié des oignons. Remuez et faites réchauffer le tout 3 min, puis parsemez du reste d'oignons et servez.

LÉGUMES SAUTÉS ET FRUITS DE MER

POUR 2 PERSONNES

Préparation : 20 min
Cuisson : 20 min

300 g de fruits de mer surgelés mélangés
1 poivron rouge en fines lamelles
2 poireaux en fines lamelles
1 gros oignon en épaisses lamelles
2 c. à soupe d'huile d'olive
150 g de tomates cerises coupées en 2
2 gousses d'ail en fines rondelles
1 c. à café de piment fort en poudre
2 c. à café de vinaigre balsamique
quelques brins de coriandre

1 Faites dorer le poivron, les poireaux et l'oignon 2 min à feu vif avec 1 c. à soupe d'huile dans un wok. Ajoutez les tomates cerises et poursuivez la cuisson 2 min. Retirez les légumes et gardez-les au chaud.

2 Faites revenir l'ail, le piment et les fruits de mer 3 ou 4 min (7 ou 8 min avec des fruits de mer encore congelés) avec le reste d'huile dans le wok, à feu vif en mélangeant de temps en temps. Ajoutez les légumes, mélangez, puis arrosez de vinaigre.

3 Parsemez de coriandre et servez aussitôt.

RIZ SAUTÉ AUX LÉGUMES

POUR 4 PERSONNES

Préparation : 20 min
Cuisson : 25 min

200 g de riz basmati
2 grosses carottes en dés
200 g de chou chinois en lamelles
3 oignons nouveaux émincés
1 c. à soupe d'huile de tournesol
2 œufs
200 g de petits pois surgelés
1 c. à soupe de sauce soja

POUR LA PÂTE DE PIMENT

1 ou 2 piments rouges épépinés
3 gousses d'ail
1 pincée de sel

1 Faites cuire le riz 12 min à l'eau bouillante salée, puis égouttez-le.

2 Préparez la pâte de piment. Hachez le piment et l'ail. Mélangez avec le sel à l'aide d'un pilon jusqu'à l'obtention d'une pâte.

3 Dans un wok ou une grande poêle, mettez l'huile à chauffer à feu moyen, puis faites revenir les carottes 5 min. Ajoutez le chou et la pâte de piment, puis prolongez la cuisson 1 min. Mettez le riz dans la poêle et faites-le revenir 1 min. Battez les œufs. Poussez le contenu de la poêle sur un côté, puis versez les œufs de l'autre côté et remuez jusqu'à ce qu'ils soient brouillés. Ajoutez les oignons, les petits pois et la sauce soja. Laissez revenir 5 min, puis servez avec un peu de sauce soja, si vous le souhaitez.

VÉGÉTARIEN

RIZ SAUTÉ AUX CREVETTES

POUR 4 PERSONNES

Préparation : 15 min
Cuisson : 10 min

800 g de riz au jasmin cuit
350 g de crevettes crues, décortiquées, déveinées et en morceaux
2 gousses d'ail émincées
3 cm de gingembre râpé
1 piment rouge épépiné et émincé
2 c. à soupe d'huile de tournesol
250 g de petits pois
6 oignons nouveaux en rondelles
2 œufs légèrement battus
3 c. à soupe de sauce soja
le jus de 1/2 citron
2 c. à soupe de coriandre ciselées

1 Faites revenir l'ail, le gingembre et le piment 30 sec avec l'huile dans un wok. Ajoutez les crevettes, les petits pois et les oignons. Faites revenir 2 min, jusqu'à ce que les crevettes soient roses.

2 Repoussez le mélange sur le côté du wok. Versez les œufs, laissez-les prendre sur le dessous, puis mélangez-les à la spatule pour avoir des œufs presque brouillés. Ajoutez le riz et mélangez 2 min à feu vif.

3 Arrosez de sauce soja et de jus de citron. Parsemez de coriandre et servez dans des bols.

EXOTIQUE

PORC SAUTÉ À LA NOIX DE COCO

POUR 4 PERSONNES

Préparation : 10 min
Cuisson : 20 min

600 g de filet de porc
4 ou 5 c. à soupe de noix de coco râpée
2 c. à soupe d'huile végétale
3 cm de gingembre pelé
3 gousses d'ail en fines rondelles
1 tige de citronnelle de 6 cm, écrasée
1 c. à soupe de nuoc-mâm
2 c. à soupe de sauce pimentée
1 grosse poignée de basilic thaï
800 g de riz blanc cuit

1 Dans un wok bien chaud, faites dorer la noix de coco à feu vif. Retirez-la du wok.

2 Placez le porc entre 2 films alimentaires et aplatissez-le au rouleau sur une épaisseur de 2 cm. Coupez en très fines lamelles. Salez et poivrez. Faites griller en 2 ou 3 fois avec l'huile à feu vif dans un wok, en ajoutant un peu d'huile si nécessaire. Retirez la viande du wok.

3 Mettez dans le wok le gingembre, l'ail et la citronnelle. Faites-les revenir 1 min. Ajoutez le porc et faites sauter le tout 1 min. Arrosez de nuoc-mâm et de sauce pimentée, puis mélangez bien. Laissez cuire 2 min, jusqu'à ce que le porc soit cuit à cœur.

4 Hors du feu, parsemez de basilic. Servez dans des bols, parsemé de noix de coco et avec le riz.

EXOTIQUE

RIZ SAUTÉ AU CRABE ET AUX ASPERGES

POUR 2 PERSONNES

Préparation : 20 min
Cuisson : 15 min

250 g de riz au jasmin cuit froid
200 g de chair de crabe en boîte bien égouttée
130 g d'asperges vertes fines en tronçons, les pointes séparées des tiges
1 c. à soupe d'huile d'arachide
1 petit oignon finement émincé
2 gousses d'ail écrasées
1 piment rouge épépiné finement émincé
1 c. à soupe de sauce soja
1 c. à soupe de sauce pimentée
1/2 c. à café d'huile de sésame
2 c. à soupe de ciboulette ciselée

1 Faites dorer l'oignon 2 ou 3 min à feu vif avec l'huile d'arachide dans un wok. Ajoutez l'ail et le piment, puis poursuivez la cuisson 1 min.

2 Ajoutez les tiges d'asperge, faites-les revenir 2 min, puis ajoutez les pointes. Arrosez de 2 c. à café de sauce soja et faites sauter 30 sec. Émiettez la chair de crabe dans le wok, ajoutez le riz et laissez chauffer.

3 Arrosez de sauce pimentée, d'huile de sésame et du reste de sauce soja. Mélangez bien, goûtez et rectifiez l'assaisonnement si nécessaire. Retirez du feu, parsemez de ciboulette et servez dans des bols.

EXOTIQUE

PAËLLA SIMPLISSIME

POUR 4 PERSONNES

Préparation : 10 min
Cuisson : 20 min

300 g de riz long grain
400 g de mélange de fruits de mer décongelé
1 c. à soupe d'huile d'olive
1 oignon émincé
110 g de chorizo en rondelles
1 c. à café de curcuma
1 l de bouillon de volaille
200 g de petits pois surgelés

POUR SERVIR

quartiers de citron

1 Faites chauffer l'huile dans un faitout profond, puis faites-y légèrement blondir l'oignon 5 min. Ajoutez le chorizo, faites-le rissoler jusqu'à ce qu'il grésille, saupoudrez de curcuma, incorporez le riz, remuez jusqu'à ce qu'il soit bien enrobé de jus de cuisson et d'épices puis versez le bouillon. Mélangez bien l'ensemble et laissez mijoter 15 min en remuant de temps en temps.

2 Ajoutez les petits pois surgelés 5 min avant la fin de la cuisson, et incorporez les fruits de mer décongelés 1 ou 2 min avant la fin de la cuisson, pour les réchauffer.

3 Rectifiez l'assaisonnement et servez accompagné de quartiers de citron.

CANARD AUX PRUNES

POUR 2 OU 3 PERSONNES

Préparation : 15 min
Cuisson : 25 min

2 magrets de canard en fines lamelles
2 prunes en lamelles
1 c. à café de cinq-épices en poudre
2 c. à soupe d'huile végétale
1 oignon en rondelles
1 petite aubergine coupée en 4, puis en rondelles
400 g de nouilles aux œufs cuites

POUR LA SAUCE

3 c. à soupe de sauce hoisin
1 c. à soupe de vinaigre de riz
2 c. à café de miel liquide
1 c. à soupe de sauce soja

1 Mélangez tous les ingrédients de la sauce.

2 Dans une assiette, saupoudrez les magrets de cinq-épices. Salez et poivrez. Frottez la viande. Faites-les cuire en plusieurs fois dans un wok avec l'huile. Réservez.

3 Mettez l'oignon dans le wok, avec un peu d'huile si nécessaire. Faites-le cuire 2 min. Ajoutez l'aubergine et un peu d'eau, puis faites sauter 2 ou 3 min. Remettez les magrets dans le wok et mélangez bien. Versez la sauce, réduisez le feu et laissez mijoter 3 ou 4 min à couvert, jusqu'à ce que l'aubergine soit à peine tendre. Découvrez, ajoutez les prunes. Laissez cuire 2 min. Salez un peu si nécessaire.

4 Servez sans attendre avec les nouilles.

EXOTIQUE

POULET AUX POIS CHICHES

POUR 4 PERSONNES

Préparation : 5 min
Cuisson : 15 min

20 cl de bouillon de volaille
1 oignon émincé
le zeste et le jus d'1 citron
4 blancs de poulet en cubes
400 g de pois chiches égouttés
1 c. à soupe d'huile de tournesol
1 bâton de cannelle
1 c. à café de coriandre et de cumin en poudre
250 g de pousses d'épinards

1 Faites chauffer l'huile dans une grande poêle, mettez l'oignon à blondir 5 min puis le poulet à rissoler 3 min à feu vif, jusqu'à ce qu'il soit bien grillé. Incorporez la cannelle, la coriandre et le cumin avec le zeste de citron et prolongez la cuisson de 1 min. Ajoutez les pois chiches et le bouillon, mélangez et laisser mijoter 5 min à couvert, puis salez et poivrez.

2 Déposez les pousses d'épinards sur cette préparation, remettez le couvercle et prolongez la cuisson de 2 min. Mélangez bien l'ensemble et arrosez de jus de citron avant de servir.

NOUILLES SAUTÉES, POULET ET CAJOU

POUR 4 PERSONNES

Préparation : 20 min
Cuisson : 20 min

175 g de nouilles aux œufs
350 g de blanc de poulet en petits dés
2 c. à soupe de vin de riz chinois
2 c. à café de fécule de maïs
3 c. à soupe d'huile d'arachide
3 cm de gingembre en fines rondelles
125 g de pois gourmands en tronçons
4 c. à soupe de ciboulette ciselée
125 g de noix de cajou grillées et hachées

POUR LA SAUCE

10 cl de bouillon de volaille
2 c. à soupe de sauce soja
1 c. à soupe de jus de citron
1 c. à soupe d'huile de sésame
2 c. à café de cassonade

1 Mélangez le vin de riz et la fécule. Ajoutez le poulet, mélangez bien et laissez mariner. Faites cuire les nouilles à l'eau. Égouttez-les bien.

2 Préparez la sauce. Mélangez tous les ingrédients.

3 Faites dorer le poulet 2 min avec la moitié de l'huile dans un wok à feu vif. Réservez. Essuyez le wok avec du papier absorbant. Versez le reste d'huile, puis ajoutez le gingembre et les pois gourmands. Faites sauter 1 min, puis ajoutez le poulet et les nouilles. Arrosez de sauce et laissez cuire 2 min.

4 Parsemez de ciboulette et de noix, mélangez et servez.

POUR RECEVOIR

CHEESEBURGERS AU COMTÉ

POUR 4 PERSONNES

Préparation : 20 min
Cuisson : 10 min

4 pains à hamburger coupés en 2
750 g de bœuf haché
1 oignon finement émincé
1 gousse d'ail écrasée
2 c. à café de thym ciselé
huile d'olive
125 g de comté en tranches
4 c. à soupe de mayonnaise
4 grandes feuilles de laitue
2 tomates en rondelles
1/2 oignon rouge en fines rondelles

1 Malaxez la viande, l'oignon, l'ail, le thym, 1 pincée de sel et du poivre. Façonnez 4 steaks. Badigeonnez-les légèrement d'huile. Faites-les cuire 5 min sur chaque face dans une poêle gril, jusqu'à ce qu'ils soient légèrement marqués et cuits à cœur.

2 Recouvrez les steaks de comté. Passez-les sous le gril du four chaud pour 30 sec, jusqu'à ce que le fromage soit fondu. Réservez au chaud.

3 Faites griller les pains, puis tartinez la partie inférieure de mayonnaise. Garnissez avec la laitue, les steaks, les tomates et l'oignon. Recouvrez avec le dessus des pains et servez aussitôt.

SPÉCIAL KIDS

CURRY DE CREVETTES

POUR 4 PERSONNES

Préparation : 10 min
Cuisson : 20 min

400 g de grosses crevettes décortiquées
2 c. à soupe d'huile végétale
1 oignon râpé
3 gousses d'ail écrasées
5 cm de gingembre en rondelles
1 piment rouge doux émincé
1 c. à café de curcuma en poudre
2 c. à café de curry en poudre
1 c. à café de cumin en poudre
1 c. à café de coriandre en poudre
400 g de tomates concassées en boîte
le jus de 2 citrons verts
1 bouquet de coriandre ciselée
800 g de riz blanc cuit

1 Faites revenir l'oignon, l'ail, le gingembre et le piment 5 min avec l'huile dans une grande poêle à feu moyen. Ajoutez les épices. Mélangez bien. Ajoutez les crevettes et laissez cuire 3 min. Versez les tomates et le jus de citron. Salez, poivrez. Portez à ébullition, puis réduisez le feu et laissez mijoter 5 min.

2 Parsemez de coriandre et servez avec du riz.

PIZZAS ÉPICÉES À LA SAUCISSE

POUR 4 PERSONNES

Préparation : 5 min
Cuisson : 15 min

2 pâtes à pizza préétalées
2 saucisses épicées en fines rondelles
12,5 cl de coulis de tomate
2 boules de mozzarella en lamelles
2 c. à soupe de piments forts marinés
1 gros poivron rouge grillé mariné à l'huile, en fines lamelles

1 Recouvrez les pâtes de coulis de tomate. Garnissez de saucisse, de mozzarella, de piment et de poivron.

2 Enfournez pour environ 15 min à four chaud (220 °C), jusqu'à ce que la pâte soit bien dorée et la saucisse cuite à cœur. Servez sans attendre.

CURRY DE POULET AU LAIT DE COCO

POUR 2 PERSONNES

Préparation : 5 min
Cuisson : 15 min

400 g de blancs de poulet en morceaux
40 cl de lait de coco
50 g de pâte de curry vert thaï
1 c. à soupe d'huile de tournesol
le jus de 1 citron vert
1 c. à café de nuoc-mâm
2 tomates en quartiers
1 poignée de feuilles de basilic
800 g de riz au jasmin cuit

1 Portez à ébullition le lait de coco dans une casserole. Retirez du feu et incorporez la pâte de curry.

2 Faites dorer le poulet 2 min avec l'huile dans un wok à feu vif. Versez le lait de coco épicé, le jus de citron et le nuoc-mâm. Ajoutez les tomates et mélangez. Laissez mijoter 10 min à feu doux, jusqu'à ce que tous les ingrédients soient cuits.

3 Parsemez de basilic. Servez accompagné de riz.

EXOTIQUE

PITAS À L'AGNEAU

POUR 4 PERSONNES

Préparation : 15 min
Cuisson : 15 min

4 pains pitas
300 g d'agneau haché
2 c. à café de graines de coriandre
1 c. à café de graines de cumin
2 c. à soupe d'huile d'olive
1 oignon finement émincé
2 gousses d'ail écrasées
1 c. à café de cannelle en poudre
1/2 c. à café de piment de Cayenne
2 c. à soupe de coriandre ciselée
quelques feuilles de salade
4 c. à soupe de tahini
1 c. à soupe de graines de sésame grillées

1 Faites dorer les graines de coriandre et de cumin dans une petite poêle. Laissez-les refroidir un peu, puis écrasez-les dans un mortier avec un pilon.

2 Faites revenir l'oignon, l'ail, la cannelle et le piment 5 min avec l'huile dans une sauteuse à feu doux. Augmentez le feu, puis ajoutez l'agneau et salez. Faites dorer 5 à 8 min. Parsemez de coriandre.

3 Faites légèrement griller les pains et ouvrez-les en 2. Garnissez-les de salade, de viande et 1 c. à soupe de tahini. Parsemez de sésame et servez.

POÊLÉE DE HALLOUMI AUX POIS CHICHES

POUR 2 PERSONNES

Préparation : 10 min
Cuisson : 20 min

125 g de halloumi en dés
400 g de pois chiches en boîte égouttés
1 c. à soupe d'huile d'olive
1 oignon finement émincé
1 gousse d'ail pressée
1 c. à soupe de harissa
400 g de tomates concassées en boîte
100 g de pousses d'épinards
le jus de 1/2 citron
parmesan râpé

1 Faites revenir l'oignon et l'ail avec l'huile dans une poêle à feu doux jusqu'à ce qu'ils soient tendres. Ajoutez la harissa, les pois chiches et les tomates. Portez à ébullition et laissez mijoter 5 min.

2 Ajoutez le halloumi et les épinards. Couvrez et laissez cuire 5 min à feu doux. Salez et poivrez, puis arrosez de jus de citron. Parsemez de parmesan et servez sans attendre.

VÉGÉTARIEN

BURGERS DE LÉGUMES AU PESTO

POUR 4 PERSONNES

Préparation : 20 min
Cuisson : 10 min

4 pains à hamburger coupés en 2
1 grosse aubergine en rondelles de 1 cm 2 grosses tomates en épaisses rondelles
4 c. à soupe d'huile d'olive
1 c. à soupe de vinaigre balsamique
1 gousse d'ail écrasée
200 g de mozzarella en rondelles
1 poignée de roquette

POUR LE PESTO

50 g de basilic effeuillé
1 gousse d'ail écrasée
4 c. à soupe de pignons de pin
7 c. à soupe d'huile d'olive
2 c. à soupe de parmesan râpé

1 Préparez le pesto. Mixez en purée fine le basilic, l'ail, les pignons, l'huile et un peu de sel. Transférez dans un bol, incorporez le parmesan et rectifiez l'assaisonnement.

2 Fouettez l'huile, le vinaigre et l'ail, salez et poivrez. Badigeonnez-en les rondelles d'aubergine, puis étalez-les sur une plaque tapissée d'une feuille d'aluminium. Enfournez 3 ou 4 min sous le gril chaud. Retournez les rondelles et grillez 3 ou 4 min de plus.

3 Faites légèrement dorer les pains. Garnissez les bases avec 1 rondelle d'aubergine, du pesto, 1 rondelle d'aubergine, 1 de tomate et 1 de mozzarella. Tartinez de pesto et coiffez de quelques feuilles de roquette. Recouvrez avec le haut des pains et servez.

RECETTE WAHOU !

CHAMPIGNONS FARCIS AUX HERBES

POUR 4 PERSONNES

Préparation : 10 min
Cuisson : 15 à 18 min

4 gros champignons de Paris
2 c. à soupe d'huile d'olive

POUR LA FARCE

100 g de pistaches grillées
85 g d'olives noires dénoyautées
1/2 citron
140 g de feta en dés
3 branches de thym
4 c. à soupe de persil plat ciselé
100 g de chapelure

POUR SERVIR

pain grillé

1 Préchauffez le four à 200 °C. Retirez les pieds des champignons et hachez-les. Badigeonnez les têtes d'huile d'olive et disposez-les sur une plaque à four. Salez et poivrez. Faites cuire au four 10 min pour qu'elles soient juste tendres.

2 Préparez la farce. Hachez les pistaches et les olives. Prélevez le zeste du citron et pressez le jus. Mélangez tous les ingrédients avec les pieds de champignon hachés et le restant d'huile d'olive. Salez et poivrez.

3 Répartissez la farce sur les champignons et faites cuire 5 à 8 min au four, jusqu'à ce que la feta commence à fondre. Servez aussitôt sur des tranches de pain grillé.

4 Vous pouvez également réaliser cette recette avec d'autres légumes à farcir (poivron, patate douce évidée, etc.) en adaptant les temps de cuisson.

VÉGÉTARIEN

THON GRILLÉ ET SALSA VERDE

POUR 4 À 6 PERSONNES

Préparation : 20 min
Cuisson : 30 min

4 steaks de thon (150 g chacun)
300 g de pommes de terre nouvelles
10 cl d'huile d'olive + 2 c. à soupe
le jus de 1 citron
2 c. à café de moutarde à l'ancienne
2 c. à café de ciboulette ciselée
4 à 6 poignées de pousses d'épinards

POUR LA SALSA VERDE

50 g de persil plat ciselé
2 c. à soupe de câpres égouttées, rincées et émincées
4 filets d'anchois trempés dans du lait, égouttés et finement émincés
3 gousses d'ail écrasées
10 olives vertes dénoyautées et émincées
10 cl d'huile d'olive

1 Faites cuire les pommes de terre environ 20 min à l'eau bouillante. Égouttez-les et rincez-les. Coupez-les en 2 ou en 4, puis mettez-les dans un saladier.

2 Fouettez 10 cl d'huile, le jus de citron, la moutarde et la ciboulette. Versez sur les pommes de terre et mélangez. Mélangez tous les ingrédients de la salsa. Poivrez légèrement.

3 Badigeonnez le thon de 2 c. à soupe d'huile. Salez et poivrez. Faites griller dans une poêle gril chaude 3 min sur chaque face, jusqu'à ce qu'ils soient marqués mais rosés à cœur. Coupez en morceaux.

4 Répartissez les pommes de terre et les steaks dans des assiettes. Arrosez de salsa verde et servez avec des pousses d'épinards.

POULET ET FONDUE DE LÉGUMES

POUR 4 PERSONNES

Préparation : 20 min
Cuisson : 40 min

4 blancs de poulet avec la peau
2 c. à soupe d'huile d'olive
beurre persillé
cresson rincé et essoré
quelques tranches de citron

POUR LA FONDUE DE LÉGUMES

50 g de beurre
2 poireaux finement émincés
1 gousse d'ail écrasée
2 c. à café de romarin ciselé
800 g de flageolets en boîte égouttés et rincés
30 cl de bouillon de légumes
4 c. à soupe de crème liquide

1 Préparez la fondue. Faites cuire les poireaux, l'ail et le romarin 5 min avec le beurre à feu doux, jusqu'à ce que les poireaux soient tendres sans dorer. Ajoutez les flageolets et mélangez une fois. Versez le bouillon. Portez à ébullition, couvrez et laissez mijoter 15 min. Découvrez, incorporez la crème, salez et poivrez et laissez épaissir 5 min.

2 Salez et poivrez les blancs de poulet. Faites-les cuire 4 min, côté peau en dessous, avec l'huile dans une sauteuse. Retournez et laissez cuire 4 min. Déposez 1 rondelle de beurre persillé sur chaque blanc. Faites cuire 2 ou 3 min à four chaud (150 °C).

3 Servez la fondue et le poulet accompagnés de cresson et de citron.

STEAKS GRILLÉS AU ROQUEFORT

POUR 4 PERSONNES

Préparation : 10 min
Cuisson : 30 min

700 g de pommes de terre nouvelles
4 steaks d'aloyau (250 g chacun et 2 cm d'épaisseur)
5 c. à soupe d'huile d'olive
1 gousse d'ail écrasée
2 c. à soupe de câpres
le zeste finement râpé et le jus de 1 citron non traité
50 g de roquette
75 g de roquefort émietté

1 Faites cuire les pommes de terre environ 20 min à l'eau bouillante. Égouttez-les et remettez-les dans la casserole.

2 Arrosez les steaks de 1 c. à soupe d'huile, salez et poivrez. Saisissez-les à feu vif dans une poêle gril fumante, 3 min sur une face, puis 2 ou 3 min selon votre goût sur l'autre. Laissez-les reposer sous une feuille d'aluminium.

3 Mélangez le reste d'huile, les câpres et le zeste. Salez et poivrez. Écrasez grossièrement les pommes de terre à la fourchette. Incorporez la roquette et la préparation aux câpres. Parsemez de roquefort. Répartissez dans des assiettes.

4 Arrosez les steaks de jus de citron. Coupez-les en lamelles. Déposez-les sur l'écrasée, poivrez et servez.

CURRY D'ÉPINARDS AU FROMAGE

POUR 4 PERSONNES

Préparation : 15 min
Cuisson : 15 min

500 g d'épinards grossièrement émincés
250 g de halloumi en cubes de 2 cm
2 c. à soupe de pâte de curry doux
1 c. à soupe d'huile végétale
2 c. à soupe de beurre
1 poignée de coriandre ciselée
12,5 cl de crème liquide
800 g de riz basmati cuit
quelques tranches de citron

1 Faites dorer le halloumi 2 ou 3 min avec l'huile dans une poêle antiadhésive en remuant souvent. Réservez.

2 Faites frémir le beurre dans la poêle. Ajoutez la pâte de curry et, après 2 min, les épinards et la coriandre. Faites tomber les épinards 3 ou 4 min. Incorporez la crème. Mixez jusqu'à obtenir une sauce épaisse et lisse. Versez dans la poêle avec le halloumi. Chauffez 2 ou 3 min à feu doux.

3 Servez avec du riz basmati et du citron.

VÉGÉTARIEN

POISSON BLANC AUX HERBES

POUR 4 PERSONNES

Préparation : 20 min
Cuisson : 10 min

4 filets de poisson blanc (200 g chacun)
24 tomates cerises
3 c. à soupe d'huile d'olive
1 c. à soupe de vinaigre balsamique
4 tranches de prosciutto

POUR LE PESTO AUX HERBES

1/2 bouquet de persil plat effeuillé
1/2 bouquet de menthe effeuillée
1 bouquet de basilic effeuillé
2 c. à soupe d'aneth ciselé
100 g de noix
1 gousse d'ail écrasée
17,5 cl d'huile d'olive
50 g de parmesan finement râpé

1 Préparez le pesto. Mixez en purée homogène les herbes, les noix, l'ail et l'huile. Transférez dans un bol, puis incorporez le parmesan. Salez et poivrez. Couvrez et laissez reposer au frais.

2 Faites cuire les tomates 2 ou 3 min avec 2 c. à soupe d'huile dans une poêle à feu vif en remuant la poêle. Versez le vinaigre, salez et poivrez. Couvrez et faites cuire 1 min à feu vif en remuant toujours, jusqu'à ce que les tomates commencent à éclater. Réservez.

3 Essuyez la poêle, puis versez le reste d'huile. Enroulez 1 tranche de prosciutto autour de chaque filet de poisson. Poêlez 2 ou 3 min sur chaque face, jusqu'à ce que le prosciutto soit doré et croustillant. Servez avec les tomates cerises et le pesto.

BROCHETTES DE LÉGUMES D'ÉTÉ

POUR 4 À 6 PERSONNES

Préparation : 20 min
Cuisson : 10 min

2 aubergines en morceaux
2 courgettes en morceaux
2 ou 3 poivrons épépinés en morceaux
12 à 16 tomates cerises
4 oignons rouges en quartiers

POUR LE PESTO

3 ou 4 gousses d'ail écrasées
1 bouquet de basilic effeuillé
2 ou 3 c. à soupe de pignons de pin
huile d'olive
50 g de parmesan fraîchement râpé

POUR LA MARINADE

4 c. à soupe d'huile d'olive
le jus de 1/2 citron
2 gousses d'ail écrasées

1 Préparez le pesto. Mixez en purée homogène l'ail, le basilic, les pignons, l'huile et 1/2 c. à café de sel. Transférez dans un bol et incorporez le parmesan. Salez et poivrez. Couvrez et laissez reposer au frais.

2 Mélangez tous les ingrédients de la marinade. Salez. Mettez tous les légumes dans un saladier, versez la marinade, puis mélangez pour bien les enrober. Piquez-les sur des piques à brochette.

3 Saisissez les brochettes 2 ou 3 min sur chaque face dans une poêle gril à feu vif. Servez avec le pesto.

VÉGÉTARIEN

AILERONS DE POULET ET SALSA D'AVOCAT

POUR 4 PERSONNES

Préparation : 15 min
Marinade : 15 min
Cuisson : 10 min

12 ailerons de poulet
1 c. à soupe de jerk (en épicerie fine ou sur les marchés)
2 c. à soupe d'huile d'olive
le jus de 1/2 citron + 4 coupés en 2

POUR LA SALSA D'AVOCAT

1 gros avocat mûr
2 tomates pelées, épépinées et en dés
1 gousse d'ail écrasée
1 petit piment rouge épépiné et émincé
le jus de 1/2 citron
2 c. à soupe de coriandre ciselée
1 c. à soupe d'huile d'olive

1 Mettez les ailerons de poulet dans un plat. Mélangez l'huile, le jerk, le jus de citron et le sel. Versez sur le poulet et enrobez-le bien. Couvrez et laissez mariner 15 min au frais.

2 Mélangez tous les ingrédients de la salsa. Salez et poivrez.

3 Égouttez le poulet en réservant la marinade. Sous le gril du four chaud, faites griller les ailerons 5 ou 6 min par face, en les arrosant régulièrement de marinade. Servez accompagné de la salsa et des citrons.

EXOTIQUE

DESSERTS

FIGUES RÔTIES AU MIEL ET AU MARSALA

POUR 4 PERSONNES

Préparation : 10 min
Cuisson : 15 min

8 grosses figues bien mûres
3 c. à soupe de miel de lavande
5 cl de marsala
25 g de beurre fondu
1 c. à café de cannelle en poudre

1 Portez le miel, le beurre, la cannelle et le marsala à ébullition à feu doux. Laissez épaissir 1 ou 2 min.

2 Entaillez en croix le dessus des figues. Pressez délicatement la base pour les ouvrir comme des fleurs. Disposez-les debout dans un plat à four, en les serrant bien, puis arrosez-les de sirop au marsala. Enfournez 8 à 10 min à four chaud (200 °C), jusqu'à ce que la pointe des figues soit légèrement dorée.

3 Arrosez du reste de sirop et servez.

FRUITS D'ÉTÉ POCHÉS À LA CANNELLE

POUR 4 PERSONNES

Préparation : 15 min
Cuisson : 10 min

3 pêches mûres, pelées et en lamelles
8 à 12 abricots coupés en 2 et dénoyautés
175 g de myrtilles
25 g de sucre en poudre
1 bâton de cannelle
le zeste de 1 orange non traitée et le jus de 2

1 Dans une casserole, mélangez les fruits, le sucre, la cannelle, le zeste et le jus d'orange. Chauffez à feu doux jusqu'à ce que le sucre soit dissous.

2 Couvrez et laissez cuire 4 ou 5 min : les fruits doivent être tendres. Servez tiède.

BANANA SPLIT

POUR 4 PERSONNES

Préparation : 15 min

4 grosses bananes
4 boules de glace à la vanille
4 boules de glace au chocolat
4 boules de glace à la fraise
4 c. à soupe de coulis de chocolat
4 c. à soupe de coulis de caramel
4 c. à soupe de coulis de framboises
25 cl de crème Chantilly
4 c. à soupe de noisettes, de noix et d'amandes concassées
12 cerises confites coupées en 2
4 gaufrettes éventails

1 Pelez les bananes et coupez-les en 2 dans la longueur.

2 Dans des coupes allongées, alignez 4 boules de glace (1 de chaque parfum). Disposez 1/2 banane de part et d'autre. Arrosez généreusement des 3 coulis, puis garnissez le tout de chantilly.

3 Parsemez de fruits secs, répartissez les cerises et piquez 1 gaufrette dans chaque coupe. Servez.

RECETTE WAHOU !

TARTELETTES POMMES-MYRTILLES

POUR 4 PERSONNES

Préparation : 20 min
Cuisson : 25 min

375 g de pâte feuilletée préétalée en 4 carrés de 12 cm de côté
2 c. à soupe de sucre en poudre
1 gousse de vanille
3 pommes sucrées évidées, en 10 ou 12 fines lamelles
150 g environ de myrtilles
4 c. à soupe de crème fraîche épaisse

1 Disposez les carrés de pâte sur une plaque de cuisson recouverte de papier sulfurisé.

2 Dans une casserole, portez à ébullition le sucre et 2 c. à soupe d'eau en remuant sans cesse, jusqu'à ce que le sucre soit dissous. Grattez les graines de vanille au-dessus du sirop. Mélangez. Ajoutez les pommes, baissez le feu et laissez cuire 4 ou 5 min en les retournant pour bien les enrober. Incorporez les myrtilles délicatement.

3 Répartissez les fruits sur la pâte. Enfournez pour 10 à 15 min à four chaud (220 °C) jusqu'à ce que la pâte soit bien cuite. Servez chaud avec 1 c. à soupe de crème.

CRUMBLE MINUTE AUX NECTARINES

POUR 6 PERSONNES

Préparation : 10 min
Cuisson : 15 min

6 nectarines coupées en 2 et dénoyautées
6 c. à soupe de crème fraîche épaisse

POUR LA PÂTE À CRUMBLE

70 g de pistaches non salées
50 g d'amandes émondées
60 g de petits flocons d'avoine
50 g de beurre en dés
60 g de farine
50 g de cassonade

1 Préparez la pâte à crumble. Mixez grossièrement les pistaches et les amandes. Mettez-les dans un saladier. Ajoutez les flocons d'avoine et le beurre, puis mélangez du bout des doigts pour former une pâte sableuse. Incorporez la farine et la cassonade. Couvrez et laissez reposer au frais.

2 Mettez les nectarines sur une plaque tapissée de papier sulfurisé et saupoudrez la pâte à crumble. Enfournez 10 à 15 min à four chaud (220 °C) : les nectarines doivent être tendres et le crumble doré.

3 Servez avec 1 c. à soupe de crème.

TRIFLE AUX POIRES

POUR 4 À 6 PERSONNES

Préparation : 15 min
Cuisson : 25 min

4 à 6 poires bien fermes, pelées, coupées en 4 et épépinées
75 cl de vin rouge
150 g de sucre en poudre
3 c. à soupe de miel liquide
le jus de 1 citron
1 bâton de cannelle
1 gousse de vanille
1 gros morceau de zeste d'orange
1 clou de girofle
1 grain de poivre noir
1 génoise de 23 à 25 cm de diamètre
30 cl de crème anglaise
25 cl de crème liquide fouettée
amandes effilées grillées

1 Dans une grande casserole à feu doux, chauffez le vin, le sucre, le miel, le jus de citron, la cannelle, la gousse de vanille fendue, le zeste, le clou de girofle et le poivre. Mélangez de temps en temps jusqu'à ce que le sucre soit dissous. Retirez du feu.

2 Plongez les poires dedans et pochez-les environ 20 min à découvert, jusqu'à ce qu'elles soient tendres.

3 Coupez la génoise en morceaux et tapissez-en le fond de verrines. Arrosez de sirop de pochage. Ajoutez les poires et versez la crème anglaise. Garnissez de crème fouettée, parsemez d'amandes et servez.

RECETTE WAHOU !

FEUILLETÉS AUX PRUNES

POUR 4 PERSONNES

Préparation : 15 min
Cuisson : 30 min

375 g de pâte feuilletée préétalée en 4 carrés de 12 cm de côté
6 à 8 grosses prunes rouges pas trop mûres
1 œuf battu
50 g de sucre en poudre
200 g de crème fraîche épaisse mélangée à 1 c. à soupe de sucre

1 Disposez les carrés de pâte sur une plaque de cuisson tapissée de papier sulfurisé. Badigeonnez-les d'œuf. Saupoudrez généreusement de sucre. Enfournez environ 10 min à four chaud (190 °C), jusqu'à ce que la pâte soit bien dorée.

2 Coupez les prunes en 2, dénoyautez-les, puis recoupez chaque moitié en 3. Disposez-les dans un plat à gratin et saupoudrez de sucre. Enfournez environ 20 min, jusqu'à ce qu'elles commencent à dorer.

3 Incisez les carrés de pâte à mi-épaisseur pour les ouvrir en 2 sans détacher entièrement les moitiés. Garnissez chacun d'eux de prune et de 1 grosse c. à soupe de crème. Servez aussitôt.

CRÊPES SUZETTE

POUR 8 À 10 CRÊPES

Préparation : 5 min
Cuisson : 30 min

110 g de farine
1/2 c. à café de sel
1 œuf entier + 1 jaune
15 cl de lait mélangé à 15 cl d'eau
30 g de beurre fondu et refroidi + pour la crêpière
1 c. à soupe de sucre en poudre
2 c. à soupe de curaçao
1 c. à soupe de rhum ambré

POUR LE BEURRE PARFUMÉ

110 g de beurre
60 g de sucre en poudre
3 c. à soupe de curaçao
le zeste râpé et le jus de 2 oranges

1 Battez la farine, 1/2 c. à café de sel, les œufs, le lait et le beurre pour avoir une pâte lisse. Gardez au frais.

2 Chauffez une crêpière légèrement beurrée à feu moyen. Versez 1 louche de pâte et faites cuire 1 min, puis retournez délicatement pour cuire l'autre face. Procédez ainsi jusqu'à épuisement de la pâte.

3 Préparez le beurre parfumé. Chauffez tous les ingrédients dans une sauteuse à feu doux. Lorsque le sucre est dissous, laissez épaissir 2 min. Plongez une crêpe dedans. Pliez-la en 4 et placez-la sur le côté afin de faire de la place pour les crêpes suivantes.

4 Toujours à feu très doux, saupoudrez les crêpes de sucre, puis arrosez de curaçao et de rhum. Faites rapidement flamber et servez avant que les flammes ne s'éteignent.

PÊCHES RÔTIES AUX FRUITS SECS

POUR 2 PERSONNES

Préparation : 5 min
Cuisson : 10 min

2 pêches bien mûres coupées en 2 et dénoyautées
10 pistaches non salées grossièrement hachées
2 dattes séchées finement hachées
2 c. à soupe bombées de fromage frais à tartiner
2 c. à café de jus d'orange

1 Mélangez le fromage frais, le jus d'orange, les pistaches et les dattes. Répartissez cette préparation dans le creux des pêches.

2 Enfournez sous le gril du four chaud 6 ou 7 min, jusqu'à ce que les pêches soient tendres et que la crème commence à dorer. Servez aussitôt.

SUPER EXPRESS

SUNDAES CHOCOLAT

POUR 4 PERSONNES

Préparation : 10 min

4 à 8 petites parts de brownie
4 boules de glace au chocolat
4 boules de glace au café
25 cl de coulis de chocolat
cacahuètes enrobées de chocolat blanc et de chocolat au lait

1 Disposez 1 ou 2 parts de brownie au fond de 4 coupes à glace. Ajoutez 1 boule de glace au chocolat et 1 boule de glace au café.

2 Arrosez de coulis de chocolat. Parsemez de cacahuètes enrobées et servez.

SUPER EXPRESS

PÊCHES RÔTIES AU MASCARPONE

POUR 4 PERSONNES

Préparation : 10 min
Cuisson : 20 min

4 grosses pêches mûres coupées en 2 et dénoyautées
2 c. à soupe de miel liquide
150 g de mascarpone
3 c. à soupe de sucre vanillé
1 c. à soupe de jus de citron

1 Disposez les pêches dans un plat à gratin, face coupée vers le haut. Arrosez de miel. Enfournez pour 20 min à four chaud (200 °C) jusqu'à ce qu'elles soient tendres et légèrement dorées.

2 Mélangez le mascarpone, le sucre vanillé et le jus de citron. Répartissez cette crème sur les pêches chaudes. Servez dans des assiettes.

BEIGNETS DE BANANE

POUR 4 PERSONNES

Préparation : 20 min
Cuisson : 10 min

2 grosses bananes
huile de tournesol

POUR LA PÂTE À BEIGNETS

40 g de farine
1 pincée de sel
1 œuf, blanc et jaune séparés
7,5 cl d'eau pétillante
1 c. à soupe d'huile de tournesol

1 Pelez les bananes, coupez-les en 4, puis recoupez chaque morceau en 2 dans la longueur.

2 Préparez la pâte. Tamisez la farine et 1 pincée de sel dans un saladier. Fouettez le jaune d'œuf, l'eau et l'huile et versez dans la farine. Mélangez pour obtenir une pâte homogène. Montez le blanc d'œuf en neige puis incorporez-le délicatement.

3 Chauffez 5 cm d'huile dans une sauteuse. Trempez les morceaux de banane dans la pâte, puis faites-les frire 1 min dans l'huile par lots de 3 ou 4, jusqu'à ce que la pâte soit dorée. Égouttez sur du papier absorbant et gardez au chaud. Servez sans attendre.

SPÉCIAL KIDS

PAIN PERDU
AUX RAISINS SECS

POUR 6 PERSONNES

Préparation : 20 min
Cuisson : 25 min

6 petits pains briochés coupés en 2
50 g de raisins secs
30 cl de lait
30 cl de crème fraîche épaisse
1/2 c. à café d'extrait de vanille
4 c. à soupe de sucre en poudre
3 œufs
beurre
1 noix de muscade

1 Chauffez le lait, la crème, la vanille et 3 c. à soupe de sucre dans une casserole, jusqu'à ce que le sucre soit dissous.

2 Fouettez les œufs. Incorporez 2 ou 3 c. à soupe de préparation vanillée, puis versez le reste et mélangez.

3 Grillez légèrement les pains et coupez-les en 4. Répartissez-les dans 6 ramequins beurrés. Parsemez de raisins. Versez la crème, râpez de la muscade, puis saupoudrez du reste de sucre. Enfournez 18 à 20 min à four chaud (180 °C), jusqu'à ce que les pains soient fermes au toucher. Servez tiède.

SPÉCIAL KIDS

FONDANTS À LA PRUNE

POUR 4 PERSONNES

Préparation : 15 min
Cuisson : 25 min

2 prunes mûres dénoyautées, coupées en 2 puis en fines lamelles
2 c. à soupe de cassonade
1 c. à café de quatre-épices
75 g de chapelure
50 g de beurre
50 g de miel liquide
2 c. à soupe de crème fraîche épaisse + pour servir

1 Mélangez la cassonade, les épices et la chapelure. Dans une casserole à feu doux, faites fondre le beurre avec le miel et la crème.

2 Répartissez la moitié de la crème chaude dans 4 ramequins. Recouvrez de prune, puis de la moitié de la chapelure épicée. Disposez le reste de prune, puis de chapelure, et terminez par le reste de crème.

3 Enfournez 20 min à four chaud (200 °C). Laissez refroidir 5 min. Démoulez délicatement les fondants et servez-les avec 1 grosse c. à soupe de crème.

PETITES CRÈMES AU CHOCOLAT

POUR 4 À 6 PERSONNES

Préparation : 10 min

100 g de chocolat blanc en morceaux
les graines de 1/2 gousse de vanille
400 g de mascarpone

1 Mettez le chocolat dans un bol résistant à la chaleur. Ajoutez les graines de vanille. Placez le bol sur une casserole d'eau frémissante. Mélangez quand le chocolat est fondu.

2 Mélangez le mascarpone avec le chocolat. Répartissez dans des ramequins et laissez reposer au frais jusqu'au moment de servir.

SUPER EXPRESS

INDEX DES RECETTES PAR ORDRE ALPHABÉTIQUE

TABLE DES ÉQUIVALENCES FRANCE-CANADA

Poids	55 g	100 g	150 g	200 g	250 g	300 g	500 g	750 g	1 kg
	2 onces	3,5 onces	5 onces	7 onces	9 onces	11 onces	18 onces	27 onces	36 onces

Ces équivalences permettent de calculer le poids à quelques grammes près (en réalité, 1 once = 28 g).

Capacités	5 cl	10 cl	15 cl	20 cl	25 cl	50 cl	75 cl
	2 onces	3,5 onces	5 onces	7 onces	9 onces	17 onces	26 onces

Pour faciliter la mesure des capacités, une tasse équivaut ici à 25 cl (en réalité, 1 tasse = 8 onces = 23 cl).

Crédits recettes
Nadia Arumugam : pp. 118, 120, 138, 140, 144 ; Kimiko Barber : pp. 122, 126 ; Ghillie Basan : p. 178 ; Vatcharin Bhumichitr : p. 116 ; Ross Dobson : pp. 14, 16, 20, 28, 38, 44, 54, 56, 72, 88, 90, 94, 102, 108, 110, 114, 156, 174, 176, 190, 192, 212 ; Sylviana Franco : p. 96 ; Tonia George : pp. 32, 40, 48, 50, 52, 58, 62, 64, 66, 104, 106, 172 ; Nicola Graimes : p. 200 ; Kate Habershon : p. 198 ; Caroline Marson : pp. 8, 46, 98, 124, 162, 166, 168, 184 ; Hannah Miles : pp. 188 et 202 ; Elsa Peterson-Schepelern : pp. 12, 34, 36, 42, 132 ; Louise Pickford : pp. 84, 86, 92, 100, 112, 136, 148, 152, 160, 164, 170, 180, 186, 204, 206, 209, 210 ; Jennie Shapter : pp. 70, 74, 76, 78, 80, 82 ; Fiona Smith : pp. 18, 22, 24, 26, 30 ; Fran Warde : pp. 68 et 154 ; Laura Washburn : pp. 194 et 196 ; Lindy Wildsmith : p. 10.

Crédits photographiques
Caroline Arber : pp. 69 et 155 ; Martin Brigdale : pp. 153 et 165 ; Peter Cassidy : pp. 7, 9, 13, 17, 21, 35, 37, 43, 47, 93, 99, 101, 113, 117, 125, 137, 149, 159, 161, 167, 169, 171, 181, 185, 195, 205, 207, 211 ; Nick Dowey : p. 11 ; Tara Fisher : p. 71, 75, 77, 79, 81, 83 ; Jonathan Gregson : pp. 63 et 65 ; Jeremy Hopley : p. 133 ; Richard Jung : pp. 15, 29, 39, 45, 55, 56, 73, 89, 95, 103, 109, 111, 119, 121, 139, 141, 145, 175, 177, 179, 191, 193 ; William Lingwood : pp. 97, 123, 127, 199 ; Diana Miller : pp. 19, 23, 28, 27, 31 ; David Munns : pp. 131, 197 ; William Reavell : pp. 33, 67, 105, 107, 173, 201 ; Yuki Sugiura : pp. 41, 49, 51, 53, 59 ; Ian Wallace : pp. 85, 87, 187 ; Kate Whitaker : pp. 91, 115,157, 189, 205, 213 ; Will Heap : p. 135 ; Gareth Morgan : p. 143 ; Miles New : p. 147 ;Franck Wieder : p.167.

Édition originale
Ces recettes ont été publiées pour la première fois par BBC books, une marque de Ebury Publishing, un département de The Random House Group Ltd.

Édition française
Direction de la publication : Isabelle Jeuge-Maynart et Ghislaine Stora
Direction éditoriale : Émilie Franc
Coordination éditoriale : Marion Dellapina
Couverture et création graphique : Valentine Antenni
Préparation de copie : Julie Mège
Informatique éditoriale : Philippe Cazabet
Mise en pages : PAOistes

ISBN : 978-2-03-596720-6

Imprimé en Roumanie par G. CANALE & C SA
322640/03 - 11042976 - décembre 2019
Dépôt légal : janvier 2019